DESTINAZIONE SELF-PUBLISHING

COME PUBBLICARE UN LIBRO E CREARE UNA PIATTAFORMA ONLINE PER PROMUOVERLO

MICHELE E. AMITRANI

LIBRO IN REGALO

Pubblicare indipendentemente un libro professionale non è una passeggiata. Ecco la guida che ti rende la vita più facile.

Iscriviti alla mia newsletter su self-publishing e book marketing e ricevi in regalo *Autoeditoria Digitale: La mini guida al self-publishing professionale*.

Nella guida viene spiegato:

- Come creare un libro che i clienti vogliono leggere.

- Come stabilire le basi di una piattaforma online.

- Come studiare il mercato per posizionare strategicamente il tuo libro.

Troverai inoltre dozzine di risorse su come iniziare la tua newsletter, creare la copertina di un libro, stabilire rapporti di collaborazione con altri autori e molto altro ancora.

Scarica la guida *Autoeditoria Digitale* sul sito www.credinellatuastoria.com

INTRODUZIONE

"Per poter volare, abbiamo bisogno che ci sia una forma di resistenza."
Maya Lin

Questo è il racconto di come m'imbattei nel mondo della pubblicazione indipendente. Meglio ancora: questo è il racconto di come la pubblicazione indipendente s'imbatté in me. Frase vera, per quanto grammaticalmente poco elegante.

Essendo questa l'introduzione del libro, credo ti aspetterai che spieghi il motivo per cui l'ho scritto e che qualcosa sia detto sul suo contenuto. Bene, penso sia giusto iniziare affermando che questo libro non vende nulla e non pretende niente in cambio. Questo libro racconta semplicemente una storia che ho pensato valesse la pena raccontare perché non sono riuscito a trovarla da nessun'altra parte. Lascia che mi spieghi.

Ho scritto questo libro perché ho sempre pensato che Toni Morrison avesse ragione quando disse: "Se c'è un libro che vorresti leggere, ma non è stato ancora scritto, allora devi scriverlo."

Da tutto ciò, segue un avvertimento: questo libro potrebbe risultare divertente, insulso, profondo, superficiale, brillante, banale, emozionante e noioso, il tutto allo stesso tempo! Per trarne più benefici possibili, consiglio di leggerlo sorseggiando una tazza di cioccolata calda (in inverno) o un bicchiere ghiacciato di Coca Cola (in estate) o di fare entrambe le cose allo stesso tempo, se si vuole avere una storia interessante da raccontare (Appunto personale: mischiare cioccolata calda e Coca Cola ghiacciata, bere l'intruglio e vedere cosa succede).

Vorrei adesso continuare con un annuncio: adoro da sempre i libri che iniziano con un aneddoto dal quale estrapolare un senso. Sai come funziona, no? Il tizio che ha scritto il libro vuole catturare immediatamente l'attenzione del lettore e quale modo migliore di farlo se non con una storiella interessante, un aneddoto che ti catapulta immediatamente nel racconto? Adoro anche i libri con una miriade di citazioni o frasi ad effetto pronunciate da individui più o meno noti. Ad esempio, che so, diciamo che stai scrivendo un libro su "Persone insicure che hanno del potenziale." Quale migliore modo di iniziarlo se non citando quella famosa frase di Albert Einstein sul pesce? Il baffuto genio tedesco, infatti, disse in proposito: "Chiunque è un genio. Tuttavia, se giudichi un pesce dalla sua abilità di arrampicarsi su un albero, vivrà tutta la vita credendo di essere stupido." Spettacolare, no? Non so te, ma io sono già dentro fino al collo in questo libro immaginario! (Appunto personale: scrivi un libro sulle persone insicure che hanno del potenziale e usa la citazione sul pesce di Albert Einstein).

Da qui il motivo per cui ho deciso di adottare entrambe le cose in questo libro, l'aneddoto e le citazioni.

Iniziamo dall'aneddoto: io scelgo quello di Platone conosciuto come "la servetta di Tracia." Hai presente? Quello sul filosofo Talete che cade nel pozzo perché, mentre cammina, è occupato a studiare il cielo e una donna, vedendo la scena, si ammazza dalle risate e lo tratta come un deficiente. Lo hai mai letto? No? Allora te lo propongo qui sotto.

Platone racconta:

«[*Talete*], *mentre studiava gli astri e guardava in alto, cadde in un pozzo. Una graziosa e intelligente servetta trace lo prese in giro, dicendogli che si preoccupava tanto di conoscere le cose che stanno in cielo, ma non vedeva quelle che gli stavano davanti, tra i piedi.*»

(Platone, Teeteto, 174 a-174 c)

Prendere a schiaffi la servetta della Tracia che, invece di prestare soccorso al distratto Talete, lo deride, è sempre stata la prima reazione che mi ha suscitato questo racconto. La reazione immediatamente successiva, tuttavia, era interesse; non per la storiella in sé e per sé, piuttosto per le diverse interpretazioni che alcune figure storiche ne hanno dato, perlopiù filosofi (manco a dirlo): Platone, Martin Heidegger (un filosofo tedesco che sembra la copia sputata di Einstein), Hans-Georg Gadamer (un altro filosofo tedesco che non sono ancora riuscito a capire su cosa filosofeggiasse), Hans Blumenberg (esatto, un altro filosofo tedesco!) e altri ancora.

Qualche tempo fa, in seguito alle vicissitudini riportate in questo libro, senza essere tedesco e senza avere i baffi me ne sono uscito anche io con la mia interpretazione dell'aneddoto. Ho provato a mettermi nelle scarpe (o nei sandali?) di Talete, facendomi una domanda meno filosofica e certamente più terra-terra: Che cosa deve aver provato cadendo in quel pozzo? Sono giunto a questa conclusione: la caduta ha provocato a Talete dolore e umiliazione.

Per favore, alza la mano se sei mai inciampato in qualche luogo pubblico. Non so te, ma al sottoscritto è capitato un paio di volte. Risultato? Dolore fisico (per la caduta) e imbarazzo (provocato dalla figuraccia). La servetta trace, non limitandosi solamente a guardare e ridere ma anche e soprattuto rimproverando Talete, deve aver provocato non solo imbarazzo, ma vera e propria umiliazione.

Dolore e umiliazione, due sensazioni negative, una del corpo, l'altra dello spirito. Qualcosa che le persone sane di mente vogliono solitamente evitare, e se si ha la sfortuna di provare una di queste due cose, o entrambe, meglio puntare nuovamente lo sguardo sulla strada, per evitare una seconda caduta. Dopotutto, chi è talmente stupido da voler provare dolore e umiliazione, se può evitarlo? Chi vuole correre il rischio di essere deriso? Chi vuole avere paura? Chi vuole provare ad avere torto?

Chi vuole scalare il monte Everest?

Questo è il racconto di come ho scelto di avere paura, di cadere nel pozzo più e più volte, di inciampare e di sbattere la testa. Porgendoti questo libro ti do le chiavi che aprono una porta, ti faccio partecipe di un pezzo importante della mia storia, ti mostro una serie di pagine che parlano di chi sono, di quello che faccio e per quale motivo lo faccio.

È una grande responsabilità quella che ti affido e, come disse il buon vecchio Stan Lee, (o Voltaire, dipende se vuoi dare la precedenza ai fumetti Marvel o alla filosofia francese), "Da un grande potere derivano grandi responsabilità."

Porgendoti questo libro, ti dò la possibilità di giudicare, ti dò la possibilità di capire, ti mostro una mappa fatta di ricordi, sensazioni, parole e tempo.

Ti faccio cadere in un pozzo.

CAPITOLO 1

PIATTAFORMA

"Hai bisogno di sperimentare ciò che vuoi esprimere."
— Vincent van Gogh

IL BIANCO, IL ROSSO E IL MICROFONO

La biblioteca è un rifugio sicuro. Anche Vancouver, la città della pioggia, può essere calda nell'ultima settimana di luglio.

Quando scendo le scale e varco l'entrata sono un po' incerto. Ho letto diversi chili di fantasy e di fantascienza nelle scorse settimane. Non vorrei fare indigestione!

Decido che oggi ho bisogno di qualcosa di diverso. Ma di cosa, di preciso?

A parte fantasy e fantascienza, amo sgranocchiare saggi di Scienze Politiche. In libri come questi, le persone amano raccontare in modo complicato le cose più semplici. Sono in sintonia con il sottoscritto, che ama complicarsi la vita. Sempre.

Comincio a gironzolare attorno all'entrata, senza nessuna vera destinazione, quando lo scaffale in bella mostra a sinistra cattura la mia attenzione. Una scritta sotto il cartello "FAST READS" annuncia: "Letture veloci. Da consegnare entro una settimana." Mi avvicino incuriosito allo scaffale e comincio ad esaminarlo.

Rimango quasi immediatamente deluso. La maggior parte dei libri sono guide turistiche, manuali di cucina o volumi di marketing. Generi da cui mi tengo alla larga.

Evito le guide turistiche per un motivo preciso: non sono capace di esplorare una città con la mia sola immaginazione, preferisco farlo con le mie gambe.

I libri di cucina non li leggo per due motivi: distruggono la mia immaginazione e mi fanno venire fame.

I libri di marketing li ignoro per una ragione completamente diversa: non li conosco, e per me la regola di sopravvivenza insegnata da ogni madre degna di questo nome, ovvero: "Non parlare agli sconosciuti" si applica anche ai libri. *Soprattutto* ai libri.

Fin da bambino libri di avventura, di fantascienza e fantasy sono stati la mia provincia, un modo efficace e sicuro di evadere dalla realtà, un modo per vivere un migliaio di vite una pagina dopo l'altra e saziare così la mia sete dell'imprevedibile e dell'incredibile.

Tuttavia, in questa calda giornata di luglio, è proprio un libro di marketing ad attirare la mia attenzione. Mi avvicino di qualche passo, esitante, come un cacciatore di tesori che ha di fronte a sé uno scrigno, ma si aspetta che una trappola scatti da un momento all'altro o che un drago lo incenerisca da dietro l'angolo (sì, lo so, avrei potuto usare un paragone meno "fantasy," ma che gusto ci sarebbe stato?)

Il libro ha una copertina molto semplice: è bianco, rosso e con l'immagine di un microfono in bella mostra. Il titolo è semplice ma intrigante, come la copertina: *"Platform: Get Noticed in a Noisy World"* (*Piattaforma: Fatti Notare in un Mondo Rumoroso*). Mi gratto la guancia e lo prendo dallo scaffale. Me lo rigiro tra le mani e leggo la quarta di copertina.

Sorrido, scuoto la testa e sbuffo. Come sospettavo! Un venditore di fumo che promette l'impossibile in cambio di pochi click del mouse. Scettico, apro il libro e leggo la biografia dell'autore. Poi l'indice. Poi alcune righe della prima pagina. Poi i primi paragrafi.

Chiudo il libro e fisso di nuovo il titolo. Rileggo la quarta di copertina con più attenzione. Annuisco mentre faccio passare una mano sulla copertina. Un sorriso appena accennato increspa le mie labbra.

C'è sempre una prima volta.

Prendo il bianco, il rosso e il microfono, uso la mia tessera per prenderlo in prestito ed esco dalla biblioteca.

FAST READS

Leggo perché non ho molto altro da fare in questi giorni. Nei mesi passati avevo fatto domanda per entrare in un'università qui a Vancouver ed ero stato accettato. Purtroppo il mio visto da studente ha avuto meno fortuna: è stato rifiutato per ben due volte, a causa dello spietato mostro chiamato "burocrazia" che ha fagocitato più vittime di tutti i draghi mai descritti in tutte le storie fantasy messe assieme.

Non posso lavorare, perché il mio visto vacanza-lavoro è scaduto tre mesi fa. Ora sono un semplice turista che si sta godendo la bellissima Columbia Britannica in quest'angolo del Canada. Detto in maniera più diretta, sono un disoccupato all'estero con un bel po' di tempo da riempire.

In questi giorni sto aspettando la risposta al mio appello. Non ripongo in esso molte speranze.

Quando torno dalla biblioteca poso lo zaino e mi dimentico quasi immediatamente del libro che ho preso in prestito. Navigo per un po' di tempo su internet. Mi annoio in fretta.

Controllo ancora una volta la posta elettronica. Continua a rimanere desolatamente vuota.

Spengo il computer e mi guardo attorno. Studio la macchia d'inchiostro rimasta indelebilmente incisa sul tavolo. Cerco di scrostarla via. Non ho molta più fortuna delle cento volte precedenti.

Mi guardo le unghie. Sospiro.

Il mio sguardo cade infine sullo zaino. Mi chiedo: Hai qualcos'altro di meglio da fare, dopotutto? Afferro lo zaino e prendo il libro della biblioteca.

Scuoto la testa mentre lo sfoglio. Sospiro ancora una volta. Il libro è lungo circa trecento pagine ed è in inglese, ovviamente. Probabilmente un inglese astruso e noioso, con un linguaggio artificioso e termini incomprensibili. Decido di iniziarlo, convinto che in una settimana non riuscirò mai a finirlo.

Trattengo il fiato, come un nuotatore olimpionico che si prepara ad una tuffo. Inizio la prima pagina.

Cielo-Oh-Cielo!

Mi accorgo in fretta di avere torto. Il libro è una vera e propria sorpresa, una di quelle opere che si sfogliano letteralmente da sole.

Lo finisco quarantotto ore dopo. Per ben due volte!

Penso tra me che devo aver stabilito una qualche sorta di record personale. Raramente in vita mia una lettura è stata tanto inaspettata e tanto piacevole.

Devo ammetterlo: il libro è stato una vera rivelazione.

Facile da leggere, scorrevole, interessante, divertente perfino.

Guardo la copertina per la centesima volta e rifletto sul suo contenuto.

Il messaggio di questo libro è molto semplice: se si vuole diffondere un'idea o vendere un prodotto nel mercato di oggi bisogna avere una presenza forte e strategica nel cyberspazio oltre, ovviamente, ad un prodotto con la "P" maiuscola. Bisogna insomma avere un prodotto "Wow" e una "Piattaforma," come viene chiamata dall'autore.

Poso il libro sul tavolo. Ora che è finito, sento di avere un mucchio di domande lasciate senza risposta. Il libro ha fatto quello che dovrebbero fare tutti i libri che vale la pena leggere, ovvero darti quella voglia socratica di saperne di più, di dare risposta a dei quesiti che non sapevi neppure di avere.

Controllo il nome dell'autore del libro. Mi sgranchisco le dita e lo inserisco nella barra di ricerca di Google e... sbaglio a scriverlo! Riproviamo: M-I-C-H-A-E-L (questo è facile, dopotutto è il mio nome in inglese) e H-Y-A-T.

Niente.

Incredulo, mi accorgo di averlo scritto in modo errato ancora una volta. Ci sono due "T," non una! Che genere di cognome di sole cinque lettere ha un'"H," una "Y" e ben due "T?"

La terza volta, è la volta buona.

TRASLOCHI E WYSIWYG

Trascorro il mese di agosto trasferendomi due volte. Da Vancouver a Richmond e da Richmond a Vancouver. L'ho detto che sono un tipo a cui piace complicarsi la vita.

Il libro bianco e rosso è tornato da tempo nella biblioteca, ma non ho mai smesso di pensare al suo contenuto. Il suo messaggio mi è rimasto in mente come un tarlo che si diverte a sbattere il becco contro il mio cranio. È diventato una specie di chiodo fisso, una fabbrica che produce a pieno regime domande e idee e alimenta una curiosità per un tema che poche settimane prima non sapevo neppure esistesse.

Nei giorni seguenti, scoprire di più sull'argomento "Piattaforma" diventa una specie di compito che mi auto-assegno. Dedico almeno un paio d'ore ogni mattina a dare risposta ad alcune delle mie domande. Tuttavia, mi accorgo presto che un problema sorge spontaneo: ogni volta che soddisfo un quesito, un'altra mezza dozzina ne spuntano fuori. Sembra che questa ricerca si stia rivelando una vera e propria caccia al tesoro... e comincio a rendermi conto che non esiste alcuna X che mostri il punto dove scavare.

Un'altra cosa che noto, inoltre, è che ogni volta che scopro qualcosa di nuovo, mi sento spinto a saperne di più. Capisco di essere interessato a questo argomento, molto di più di quanto avessi mai creduto possibile. Voglio cercare di capire, voglio cercare di unire i punti e creare un percorso da seguire.

Ma per fare cosa, esattamente? Mi accorgo di non avere una risposta a questa domanda. So solo che queste ricerche mi danno qualcosa da fare, un modo di trascorrere il tempo. Per ora questo mi basta.

Nelle settimane che precedono il mio ri-trasloco, continuo a leggere tutto quello che mi capita sotto gli occhi riguardante "social media," "capire cosa è una Piattaforma e come crearne una," "creare un prodotto interessante" e argomenti correlati. Wikipedia fornisce quasi sempre il punto di partenza delle mie ricerche che successivamente espando e approfondisco andando ad indagare su siti, forum o social networks.

Comincio a seguire una mezza dozzina di blog che trattano di questi temi. Guardo per ore diversi video su YouTube e Vimeo per strappare perle di saggezza ai vari "guru" che popolano il web.

Più m'informo, più mi accorgo di stare soltanto esplorando la periferia di un mondo totalmente sconosciuto, costellato di termini bizzarri come "domain," "RSS," "following," "tribe," "home-computing" e "web marketing."

Una persona come me non avrebbe battuto ciglio se poche settimane prima qualcuno gli avesse detto che "Metadata" era il nome di un android e "WYSIWYG" il cugino sconosciuto di Furby. Ora, tuttavia, quella stessa persona si trova a valutare un panorama completamente alieno ma carico di un inspiegabile fascino.

Un reame complesso, ricco e variegato in attesa di essere scoperto e conquistato.

SEO

Dormire per terra, su un cartone, è un'esperienza. Insegna alla tua schiena a non dare mai per scontato un materasso e a ringraziare quando ne hai uno.

Il nuovo appartamento è piccolo e accogliente, al quarto piano di uno dei molti grattacieli che affollano Downtown Vancouver. Purtroppo è anche desolatamente vuoto. Non c'è un tavolo o una sedia su cui poggiarsi e il pavimento ha questa maledizione di essere completamente coperto da una versione incredibilmente economica della moquette italiana che i canadesi chiamano "carpet pile," una cosa davvero difficile da descrivere. Immagina che il pavimento della tua casa sia coperto interamente da una falsa pelliccia d'orso, e avrai in mente più o meno di cosa sto parlando.

Trascorro i primi giorni di settembre a costruire pezzo dopo pezzo la mia nuova casa, a cominciare da un paio di sedie. Mentre leggo istruzioni, maneggio martelli e utilizzo viti, lastre di legno, travi di ferro e pezzi di plastica, benedico (e maledico al contempo) il giorno in cui qualcuno inventò IKEA.

La sera, quando sono troppo stanco e i muscoli del mio corpo indicono uno sciopero generale, mi trascino nella sala comune dove uso il wi-fi messo a disposizione per i residenti.

Qui continuo i miei studi.

Questa sera, come tutti i giorni, la mia ricerca è attentamente pianificata. Su un foglio ho scritto i termini e i concetti che non conoscevo o non capivo la sera precedente. Oggi, al primo posto della lista, sta la parola "SEO."

Sulla barra di ricerca di Google, dunque, digito "SEO" e aspetto che internet m'illumini d'immenso. Nei giorni passati ho trovato questa parola molto spesso e, dopo aver escluso con ragionevole sicurezza che tutti quegli esperti di marketing si stessero riferendo a SEO Soo-Kyoung, la famosa artista coreana, ho deciso che è ora finalmente venuto il momento di svelare il mistero.

Le mie ricerche mi lasciano pensieroso per vari minuti mentre continuo ad assimilare nuove informazioni. Dopo aver studiato diverse fonti, comincio a fare le prime considerazioni.

Chi l'avrebbe mai detto? Questo SEO sembra essere il modo in cui i siti internet tentano di attirare l'attenzione del pubblico, indossando (per così dire) il rossetto più sgargiante. Come è accaduto nelle passate settimane, scopro un microcosmo d'informazioni che si frammentano in altrettante notizie impossibili da assimilare tutte in una volta (e, ahimè, la mia lista di termini da ricercare s'infittisce ulteriormente).

Per oggi, mi accontento di aver capito cosa *non* è SEO: SEO non è un concetto facile da capire, perché da quanto leggo sembra che pochi sappiano davvero come funzioni o come possa essere utilizzato. Anche i cosiddetti guru del web marketing trattano questo termine con una sorta di timore reverenziale, come uno scintillante miraggio al confine di un deserto che può significare vita oppure morte e desolazione (questa sì che è drammatizzazione!).

Wikipedia è ancora una volta la mia salvezza. La fidatissima e graziealcielocheesisticomefareisenzadite enciclopedia spiega: *"Con il termine ottimizzazione (in lingua inglese Search Engine Optimization, in acronimo SEO) nel linguaggio di internet si intendono tutte quelle attività finalizzate ad ottenere la migliore rilevazione, analisi e lettura del sito web da parte dei motori di ricerca attraverso i loro spider, grazie ad un migliore posizionamento."*

In poche parole, chi sa come svolgere bene questa attività fa in modo che il proprio sito venga notato in maniera più veloce ed efficace dal pubblico. Ergo, spiegato terra-terra dai due neuroni che giocano a carte nel mio cervello, gli esperti di SEO fanno in modo che il loro prodotto o il loro messaggio risalti su internet meglio di altri messaggi o di altri prodotti. Così facendo, più persone ne vengono a conoscenza e questo significa che più persone comprano il loro prodotto, o aderiscono alla loro causa, o diffondono il loro messaggio, e così via.

Ora capisco perché se ne parla spesso, soprattuto in questo campo. Per questa gente il SEO è molto più che un semplice acronimo.

È una vera e propria strategia di sopravvivenza.

LA CONSAPEVOLEZZA ARRIVA CON ACCENTO BRITANNICO

È il 2 settembre quando la mia ricerca sull'affascinante concetto di "Piattaforma" mi fa cliccare un link che mi porta su YouTube.

Com'è già successo molte volte, sembro finito in un posto che ha poco o nulla a che fare con il soggetto a cui sono interessato. Il titolo del video che ho davanti è il seguente: "Indie Author Insider." Alzo entrambe le sopracciglia, confuso. Indie? L'immagine di un abbronzato Harrison Ford con un cappello da cowboy che agita una frusta balena davanti ai miei occhi. Scuoto la testa, scettico. No, no, rifletto dopo pochi secondi. Le due cose non possono essere collegate. Il suo soprannome è Indy, non Indie! Per di più, questo video non sembra avere nulla a che fare con tesori nascosti, trappole e serpenti.

Quello che vedo quando clicco il pulsante "play" è un semplice ragazzo della mia età, con un paio di occhiali da sole, un largo sorriso e uno spiccato accento britannico.

Quando ho finito di vedere il video, lo guardo di nuovo. E di nuovo. E di nuovo.

Non è la prima volta in vita mia che qualcuno usa la parola "Amazon" e "self-publishing" (pubblicazione indipendente) nella stessa frase, ma è la prima volta in assoluto che la sento pronunciare da una persona tanto giovane.

Certamente, il ragazzo deve far parte di una qualche piccola casa editrice che sta cercando di farsi pubblicità attraverso il negozio virtuale più grande del mondo.

Rivedendo il video più volte, tuttavia, mi accorgo di avere torto. Questo giovincello di belle speranze ha davvero pubblicato i suoi libri (una serie fantasy, a quanto sembra) su

Amazon e sembra anche essergli andata piuttosto bene, stando a quello che dice.

L'intervista mi fa riflettere. Mi massaggio il mento, inspiro profondamente e mi alzo in piedi. Camminare mi aiuta a pensare e ad elaborare le mie idee, ad attribuirgli un valore e a dargli una collocazione.

Per venti minuti non faccio altro che fare avanti e indietro nel mio piccolo appartamento, descrivendo una specie di rettangolo immaginario sul mio pavimento peloso.

Decido che devo saperne di più su questo ragazzo britannico che parla della sua esperienza "indie" con un sorriso a trentadue denti.

La prima cosa che faccio è dirigermi verso Amazon, dove effettivamente risulta che questo Ben Galley abbia pubblicato diversi libri. Quello che mi sorprende più di qualsiasi altra cosa è che i libri che sto vedendo, apparentemente creati in maniera indipendente da questo ragazzo, non sembrano avere nulla da invidiare a un libro pubblicato da una casa editrice vera e propria. I libri di Ben hanno più di un centinaio di recensioni, una quarta di copertina accattivante, una versione eBook, paperback e copertina rigida e un design da urlo! Li studio per un po' e penso che questi sembrano libri veri, di quelli che si possono comprare in una libreria.

La domanda successiva sorge spontanea. Come diavolo ha fatto?

Le ore successive sono dedicate a scovare tutto quello che riesco a trovare su questo "indie author" (autore indipendente). Trovo Ben su Facebook e Twitter, su Kobo (Kobo? Entrambe le sopracciglia si alzano e spariscono tra i capelli), su Barnes & Noble (sarà il nome di un ufficio legale o di una marca di shampoo?), su Kickstarter (forse il nome del nuovo arcinemico di Kung Fu Panda?), su Pinterest (non ho abbastanza fantasia per capire che cosa possa essere questa cosa) e in molte altre località da me sconosciute del cyberspazio.

Mi fermo nuovamente a pensare. Collego quello che ho appena visto con le ricerche che porto avanti da settimane. Chiunque sia questo ragazzo ha una solida Piattaforma e un prodotto che vende.

Cosa più importante: ha la mia stessa età.

SCARTOFFIE, VITI E UNA SCINTILLA

Nei giorni seguenti ho davvero poco tempo per le mie ricerche.

A questo punto è chiaro che il mio visto da studente è probabile che si concretizzi quanto è probabile la formazione di una seconda Unione Sovietica.

Mentre battaglio a suon di email con l'università per farmi restituire l'anticipo da quattro cifre che aveva preteso, devo anche radunare i documenti necessari per rimanere nella Columbia Britannica.

Oltre al pagamento di bollette, alla ricerca di un allaccio economico a internet e ad altre davvero poco interessanti ma necessarie faccende quotidiane che richiedono la mia attenzione, c'è anche un letto che aspetta di essere finito in camera mia e la mia schiena ha costretto il mio cervello a farne una priorità.

Tra scambi di email, oceani di scartoffie, biancheria da lavare e pezzi di mobilio che hanno trasformato il mio appartamento in una giungla di assi di legno, non posso non pensare a quale dovrebbe essere il passo successivo nelle mie ricerche.

Non vorrei dare un'impressione sbagliata. Leggendo tutto questo potresti pensare che il sottoscritto sia una qualche sorta di stacanovista che si trova a suo agio in situazioni avverse, qualcuno immune allo stress e che gioisce delle difficoltà.

Non è così.

Vedi, non sono un tipo multitasking e neppure particolarmente avvezzo a lavori fisici, ma ho un'arma segreta: nei periodi particolarmente duri, mangio tanto cioccolato (difficile ripensare a quella fase senza questa fondamentale risorsa).

Comunque, ora che ho scoperto questo concetto di "Piattaforma" e quello di "autore indipendente" la mia mente ha cominciato a lavorare ancora una volta in modo febbrile (fatto forse dovuto alla crescente assunzione di cioccolato). Non ne sono ancora pienamente consapevole, ma qualcosa sta ribollendo da qualche parte nella mia testa.

A 26 anni ho cominciato a capire che il mio cervello lavora seguendo sentieri misteriosi. Uno dei modi in cui elabora dati (e il sottoscritto prende decisioni) è utilizzando quello che chiamo il sistema della "massa critica." Per giorni, settimane o mesi sono guidato dal bisogno di radunare informazioni riguardanti un determinato argomento. Ad un certo punto, tutto d'un tratto, il mio cervello capisce che ha a disposizione abbastanza dati da processare. Mi rendo conto che la mia mente è sul punto di elaborare settimane passate a racimolare informazioni in maniera incessante.

L'idea della Piattaforma mi ha intrigato da quando presi quel libro in biblioteca e ora qualcosa mi dice che quella parola è legata a filo doppio al concetto appena scoperto di indie author e self-publishing. Non so ancora bene per quale motivo, ma il collegamento è importante, qualcosa a cui devo prestare maggiore attenzione.

Le mie ricerche hanno raggiunto un punto di svolta.

Nei giorni seguenti vado a letto con questo chiodo fisso nella testa, un amichevole messaggio del mio subconscio che qualcosa di grosso sta per accadere.

CAPITOLO 2

AUTORE INDIPENDENTE

"Crea come un dio. Comanda come un re. Lavora come uno schiavo."

— Constantine Brancusi

DOMINIO

Intorno al 2010 avevo creato il mio primo ed unico blog utilizzando Blogger, un servizio di blogging a cui è possibile accedere gratuitamente. Un modo facile, veloce e soprattutto gratuito per crearsi una nicchia sul web e pubblicare qualsiasi cosa ti passi per la mente.

Questo blog è un animale a cui ho dato vita e che ho lasciato morire.

In quattro anni, avrò scritto forse una dozzina di post. Come neolaureato in Scienze Politiche pensavo fosse un'idea gagliarda diffondere le mie perle di saggezza. Fortunatamente le mie idee nient'affatto brillanti sono rimaste più o meno oscure al resto del mondo.

Il blog era nato per pubblicizzare un mio prodotto, un saggio di Scienze Politiche sulla storia della Repubblica Popolare Cinese che avevo scritto e stampato con un servizio di print-on-demand italiano.

Sebbene questo blog sia una sorta di Piattaforma, ora mi rendo tristemente conto del fatto che sia un esempio di una Piattaforma creata senza esperienza, senza giudizio e senza criterio. C'è un lato buono in tutto questo. Mi accorgo infatti che il sito ha avuto una sua utilità: mi fornisce un esempio eccellente di come una Piattaforma NON vada costruita, come idee NON vadano diffuse e prodotti NON vadano venduti.

Il problema è che, accumulando informazioni, so ora abbastanza bene come una Piattaforma non dovrebbe essere creata ma non ho alcuna idea di come costruirne una.

Nelle mie settimane di ricerca ho iniziato a capire il lavoro che sta dietro la creazione di un sito internet, un sito che ti appartiene e che controlli.

Blogger era un modo veloce ed economico per avere uno spazio sulla rete, ma non un modo intelligente o sensato per una persona che voglia cominciare a creare qualcosa di più articolato.

Non è facile da spiegare. È un po' la differenza che c'è fra subaffittare una casa, e possederne una.

Il costante lavorio della mia mente non è arrivato al punto di capire veramente per quale motivo ho iniziato le mie ricerche (o anche solo perché le sto continuando) ma a questo punto sono sicuro di una cosa: è utile possedere la mia casa nel cyberspazio, un luogo che controllo e che posso gestire liberamente. Anche se non ho idea alcuna su come potrei utilizzarlo, mi convinco che questa decisione sia utile, un po' come avere un capitale in banca che potrebbe essere utilizzato in futuro.

Ora, le mie ricerche mi dicono che la prima cosa da fare se si vuole avere la propria casa sul web è ovviamente scegliere un nome o "dominio," come viene chiamato nel linguaggio di internet. Il dominio non è altro che il nome o la frase che appare tra il "www" e il ".com," oppure il ".it" o ancora il ".info," dipende dall'estensione che scegli. Se il dominio è stato già preso da qualcun altro, bisognerà cercare un'alternativa oppure comprarlo dal proprietario offrendo una cifra.

"Come comprare un dominio" è la frase che scrivo su Google il 7 settembre. La ricerca mi porta su un sito chiamato Godaddy.com, apparentemente il "negozio" di domini (ma non solo) più famoso al mondo.

Non impiego molto tempo prima di capire di trovarmi di fronte un altro argomento su cui so davvero troppo poco. Molte, troppe domande sorgono spontanee. Ad esempio: Quanto costa un dominio? Come faccio a scegliere quale dominio è quello giusto? Che differenza c'è se scelgo .info piuttosto che .com? Quando compro un dominio, è mio per sempre? Queste e altre domande affollano la mia mente e mi rendo conto che ho bisogno di una serie specifica di ricerche.

Dopo qualche ora mi imbatto in un sito che sembra avere tutte le risposte che sto cercando, e molto altro ancora! Il sito è thesitewizard.com ed è un'utilissima collezione d'informazioni dalla quale comincio ad attingere immediatamente.

In pochi giorni, ho un'idea più precisa del concetto di dominio e mi sento abbastanza sicuro da dirigermi nuovamente su Godaddy.com con la carta di credito pronta. Ho la fortuna di avere un cognome raro e quindi, quando digito sulla barra di Godaddy "micheleamitrani.com," un messaggio verde mi annuncia "disponibile!"

E questa è la non troppo eclatante ma verissima storia di come, il 12 di settembre, divento il felice proprietario di micheleamitrani.com.

DOMANDE SENZA RISPOSTE

E adesso? Qual è il passo successivo? Comprare il dominio è una cosa che devo fare, lo considero qualcosa di basilare sul quale cominciare a costruire una Piattaforma, quello che credo essere il mio obiettivo a questo punto.

Perché quel che voglio è proprio costruire una Piattaforma, giusto?

Silenzio. L'agghiacciante verità è che comincio ad intuire di non avere davvero nessuna idea precisa su che cosa voglio fare, o di come dovrei farlo.

Ho un dominio, certo, un indirizzo nel cyberspazio, un primo mattone indispensabile per costruire le fondamenta di una Piattaforma, ma non ho idea di come costruire un sito o quali contenuti metterci dentro. Ho una casa ma non so come arredarla o anche solo *perché* dovrei arredarla.

Un sito internet deve avere uno scopo, una ragione di esistere. Il problema è che io non ho la più pallida idea di cosa potrebbe trattare.

Comincio inevitabilmente a farmi alcune domande e scopro di non avere nessuna risposta sensata. Il dominio che ho comprato è semplicemente il mio nome, ma non voglio certo che il sito tratti di me, come se fosse una specie di diario personale virtuale.

Potrebbe trattare di un argomento, qualcosa su cui posso ritenermi almeno informato, qualcosa che aiuti gli altri membri della community e che magari aggiunga un valore. Ma mi chiedo: Che cosa ho da offrire alle persone?

La risposta giunge con preoccupante facilità: niente. A

ventisei anni non sono un esperto in nulla. Non ho fatto nulla di rilevante. Non ho nessun talento speciale e non ho avuto nessuna idea brillante. Ho viaggiato, lavorato e vissuto all'estero, certo, ma questa non è certo un'impresa colossale (di questi tempi, per la verità, è più che altro una necessità).

Per la prima volta dopo questi mesi di ricerca una sensazione di vuoto e di disorientamento mi assale. Sto perdendo l'obiettivo, la ragione che mi ha spinto ad iniziare le mie ricerche.

Cerco di ritornare al principio e mi chiedo: Quando hai iniziato questa serie di ricerche, quale era il tuo scopo? Che cosa volevi fare e per quale motivo?

Buio totale. La risposta a questa domanda è un semplice "dovevo" che giunge da un punto non chiaro del mio subconscio. Non esisteva nessuna ragione vera. Era un bisogno fine a sé stesso, un istinto, un impulso primordiale da assecondare. L'eco di una risposta ad una domanda che nessuno mi ha mai fatto.

Mi costringo a pensare. Parole, idee, immagini, emozioni si alternano a vicenda e un'idea comincia lentamente a formarsi. Una sensazione di gelo mi assale. Mi blocco sul posto.

Realizzo finalmente che il motivo per cui non ho mai comprato un dominio prima d'ora è proprio perché non ne ho mai avuto bisogno. Lentamente ma inevitabilmente la consapevolezza che questa faccenda della Piattaforma non sia stato un impiego intelligente del mio tempo comincia ad insinuarsi nella mia testa. Malgrado tutto quello che faccio per allontanare questa sensazione, non posso mentire a me stesso.

Se ho imparato qualcosa in queste settimane è che una Piattaforma viene utilizzata per diffondere un'idea o vendere un prodotto. Ed è questo il problema: io non ho nessuna delle due cose.

INDIE

Nei giorni seguenti continuo le ricerche ma non posso fare a meno di notare che parte dell'energia iniziale è andata dissipandosi, come il calore di una torcia lasciata morire in una stanza buia.

Ne sono consapevole. Sto comprendendo quello che da giorni cerco di negare a me stesso. L'idea della Piattaforma può avere un suo fascino e una sua utilità, ma non per una persona come me, non per qualcuno che non ha un piano d'azione, che non sa cosa fare, che non ha un obiettivo da raggiungere.

Mi scopro stanco e demotivato.

Innumerevoli confezioni scartate di barrette di cioccolato assediano la mia scrivania. Lo schermo del mio portatile mostra la barra di ricerca di Google desolatamente vuota. Non ho più idee, nessuna direzione da seguire.

È stato solo uno spreco di tempo.

Sto per spegnere il computer quando, scorrendo i miei segnalibri sulla barra di navigazione del browser, mi accorgo di aver salvato una voce che all'inizio mi risultava poco familiare: "indie," una delle parole che mi ero riproposto di ricercare più approfonditamente per capire quale fosse il suo significato. Mi ricordo che è una voce che avevo salvato dopo aver sentito quel ragazzo britannico parlare di Amazon e di self-publishing. *Indie*, ripeto a bassa voce mentre avvicino la sedia alla tastiera. *Indie*.

Per colmare questa lacuna, decido di fare un ultimo salto su Wikipedia. Una frase dell'enciclopedia virtuale mi colpisce particolarmente: "*There are many thousands of independent authors producing fantastic, widely sold, and much-admired work.*" (*Ci sono migliaia di autori indipendenti che producono lavori fantastici, remunerativi e ammirati*).

Mi massaggio il collo con aria pensierosa mentre continuo a leggere.

Interessante, penso tra me. Sembra che Amazon sia dopotutto solo la punta dell'iceberg. Il concetto di autore indipendente non inizia e finisce con il famoso negozio virtuale. Man mano che continuo la lettura mi rendo conto che questo termine è molto più ampio e variegato di quanto sospettassi. Decido di continuare la mia indagine usando Google e cercando qualsiasi cosa che mi sembra si colleghi alla parola "indie" o che riesca a farmi capire meglio cosa significhi davvero.

Non ci vuole molto prima di cominciare a vedere i primi volti e a leggere le prime storie di successo di questo gruppo chiamato "autori indipendenti," persone che, come ci si potrebbe aspettare, hanno nella maggior parte dei casi una Piattaforma sviluppata e un prodotto che vende.

Ma non si tratta solo di loro, della loro storia. Scopro presto molte altre cose interessanti. Ad esempio, scopro che i nomi strani in cui mi ero imbattuto giorni prima, come Kobo oppure Barnes & Noble, non sono altro che negozi virtuali come Amazon che vendono libri su internet. Anche questi "online stores" sembrano offrire una larghissima selezione di lavori prodotti e pubblicati da autori indipendenti. Altri nomi si affiancano presto a questi ultimi, nomi come Smashwords, Bookbaby, Google Play e molti altri ancora, tutti negozi virtuali nei quali è possibile pubblicare e vendere i propri prodotti indipendentemente. Non ci vogliono permessi speciali per pubblicare, non serve il sostegno di una casa editrice, di fatto, non esistono barriere!

Chiunque con una connessione ad internet e un computer può farlo.

Realizzo per la prima volta di aver appena trovato una risposta ad un quesito molto importante. Finalmente i pezzi cominciano a combaciare e il puzzle di domande e di risposte che aveva affollato la mia mente va pian piano a formarsi.

Questi autori indipendenti hanno una Piattaforma perché hanno un prodotto da vendere e hanno un prodotto da vendere perché hanno una Piattaforma. E il loro prodotto, molto semplicemente, sono i loro libri! Quando pubblicano le loro opere nei vari negozi virtuali ricevono una percentuale per ogni vendita e molti di loro vivono del ricavato di lavori che vendono mentre stanno sdraiati sul proprio letto, scalzi e in pigiama.

Il mio cervello fatica a credere a quello che vedo. Per quanto possa sembrare incredibile, queste persone guadagnano mentre dormono.

Eppure non è tanto la prospettiva del guadagno ad attirare il mio interesse, quanto il fatto di poter rendere disponibili i propri lavori al pubblico senza alcun intermediario (a parte ovviamente il negozio virtuale sul quale si sceglie di pubblicare).

La semplicità di questa scoperta mi sconvolge ma al tempo stesso mi fa sorridere.

Dentro di me, avverto una scarica di elettricità che non riesco a spiegarmi.

Quando finalmente vado a letto, c'è un esercito di idee in movimento che non mi fa chiudere occhio.

CAPITOLO 3

IL PRODOTTO

"La vendita di qualsiasi prodotto ha cinque ostacoli fondamentali: non ce ne è bisogno, non ci sono soldi, non c'è fretta, non c'è interesse, non c'è fiducia."
— Zig Ziglar

L'ARTE DI FARSI LE DOMANDE GIUSTE

È inevitabile. Quando cominci a informarti su un argomento, le tue ricerche ti portano verso le persone ritenute più esperte, i cosiddetti "guru" di quella particolare porzione dello scibile umano. Michael Hyatt, l'autore del libro "Platform," era solo uno dei tanti. Pochi click del mouse dopo aver indagato sul suo nome, Google mi aveva proposto diverse dozzine di altri esperti di social media e web marketing. In questi ultimi mesi, ho passato diverse ore a seguire alcuni di loro, a farmi un'idea di cosa fanno e a leggere i loro libri.

Seth Godin è uno dei più nominati. È forse la persona

ritenuta più esperta in questo campo. Seguo Seth con più interesse di altri perché mi rendo conto che ha un fascino particolare. Quando parla, ha un dono: con incredibile facilità riesce a farti credere che qualunque persona che abbia un'idea, un personal computer e un collegamento a internet possa cambiare il mondo.

Poco credibile? Forse, ma poco importa. Sono sempre stato dell'idea che le storie più incredibili siano anche le più interessanti.

In una delle molte interviste che lo vedono protagonista Seth aveva detto: *"We live in a project world. If I fail more than you do, I win. A freelancer is someone who got paid for working. A graphic designer might be a freelancer. That means the more you work the more you get paid. An entrepreneur get paid while she sleeps. They build a business bigger than themselves. And she gets paid even when she's not there."* (*Viviamo in un mondo fatto di progetti. Se io fallisco più volte di quanto fallisci tu, io vinco. Un libero professionista è qualcuno che viene pagato a seconda di quanto lavora. Un graphic designer può essere un libero professionista. Questo significa che più tempo lavora, più viene pagato. D'altra parte un imprenditore è qualcuno che guadagna mentre dorme. Queste persone costruiscono un business più grande di loro stessi e vengono pagate anche quando dormono*).

Queste cose hanno senso, ma non ci avevo mai pensato prima di addentrarmi in questo nuovo, inesplorato mondo del web marketing.

Mi accorgo in fretta che il discorso fatto da Seth si aggancia con molta naturalezza al concetto degli autori indipendenti. Gli autori indipendenti sono un tipo particolare di imprenditori con diversi gradi di successo. Creano un prodotto dedicandogli risorse e tempo e sperano che, una volta messo sul mercato, abbia un impatto, che crei un seguito, che i lettori lo consiglino ad altri lettori.

Una cosa è sempre più chiara a questo punto. Il mio interesse per questa categoria di persone (e per quello che fanno) sta crescendo con il passare del tempo. Tutte le mie ricerche sembrano alla fine convergere su questo punto. Comincio finalmente a capire che essere un autore indipendente è qualcosa che ho iniziato a desiderare da quando ascoltai quasi per caso l'intervista del giovane scrittore indipendente britannico.

Ma come fare? C'è un manuale da seguire? Un libro utile da leggere? Sì, certo, ce ne sono anche troppi! Ma qual è quello giusto? E se poi quello che leggo non funziona per me?

Ci vuole un bel po' di tempo prima di accorgermi che qualcosa non quadra nel mio ragionamento. Mi rendo conto che mi sto facendo le domande sbagliate.

Che cosa ho imparato fino ad ora? Che cosa conta *veramente*?

Ho imparato che non si diventa un autore indipendente leggendo un libro, o ascoltando un discorso. Si diventa un autore indipendente pubblicando un prodotto e rendendolo disponibile ai lettori. Né più, né meno.

La prossima domanda alla quale devo rispondere si presenta allora con facilità: Ho un prodotto da vendere? Ci sono cose che ho creato e che posso offrire in un negozio virtuale come Amazon, Kobo o Smashwords? Soprattutto, sono *pronto* a fare una cosa del genere?

Scrivere è stata una delle poche costanti nella mia vita. Non importa quanti anni avessi, dove mi trovassi o quale fosse la moda che seguivo in quel momento.

Scrivo perché mi piace concretizzare su carta mondi impossibili ma necessari. Scrivo perché voglio dare carne alle mie idee e perché voglio vederle crescere e svilupparsi in direzioni impensabili. Scrivo perché farlo mi dà un modo unico di comunicare con me stesso e mi fa scoprire chi sono e che cosa voglio.

Negli anni il risultato di ciò è stata la produzione di più storie di quante possa contare. Storie strane, brevi, improbabili, fittizie, contemporanee, saggi di geopolitica, articoli seri e semi-seri, e tutto quello che c'è in mezzo.

Dentro di me, ho sempre amato definirmi un "racconta-storie," convinto che scrivere sia il passaporto irrinunciabile per chiunque voglia raccontare il mondo che ci circonda o uno che esiste solo nella nostra immaginazione.

Conosco il potere delle parole, l'alchimia fatta di lettere e suoni che può creare rivoluzioni, eroi, cause, nazioni, leggende, mondi impossibili e mondi pericolosi.

Ho scritto anche alcuni romanzi e il saggio di Scienze Politiche a cui accennavo prima, un libro di trecento pagine che nel 2011 formattai e stampai. Quell'anno avevo un libro con il mio nome nella mia biblioteca. Era una strana sensazione, avere questo libro con una copertina buffa, impaginato da una persona che non aveva la minima idea di come impaginare un libro. Non lo avevo scritto per venderlo o fare nulla di particolare. Lo avevo scritto perché mi piaceva scrivere e sentivo il bisogno di scriverlo. Lo stesso anno avevo anche pubblicato sul mio blog una breve storia di fantascienza chiamata: *Quando gli Uomini Sognavano Petrolio*.

La risposta alla domanda: "Hai un prodotto?" è dunque positiva. Ne ho addirittura due!

Il mio problema è che non ho alcuna idea di come poterli pubblicare e neppure se voglio pubblicarli. So che è fattibile grazie a negozi virtuali come Amazon, ma non ho alcuna idea di come facciano davvero gli autori indipendenti a mettere a disposizione le proprie storie.

Quando chiudo il mio portatile ho come sempre delle domande, ma mi accorgo che c'è qualcosa di diverso. Rifletto, per cercare di capire cosa ci sia di nuovo. La mia situazione non sembra essere migliorata di molto, dopotutto.

Ho due prodotti, ma non so come venderli (o se dovrei venderli). Ho bisogno di un blog, ma non ho idea di cosa possa trattare. Ho un dominio senza sito e nessuna idea di come cominciare a costruire la mia Piattaforma.

Incrocio le braccia e socchiudo gli occhi. Scuoto leggermente la testa.

Tutto sommato, sto facendo progressi. Sto imparando a farmi le domande giuste.

PROGETTANDO IL PIANO TERRA

Grazie ai vari stimoli sperimentati in questi ultimi giorni, mi rendo conto di avere risposte ad alcune delle domande più importanti. Se scrivo da una vita, probabilmente posso considerarmi, se non un esperto, almeno una persona informata su questo argomento. L'idea di creare un blog sulla scrittura potrebbe avere senso. Tanto per complicarmi la vita (sono un tipo poco originale), decido che potrebbe valere la pena creare un blog anche in inglese, assieme a quello italiano, e in questo modo gettare le basi per un sito bilingue. Ovviamente non ho alcuna idea di cosa potrebbe trattare un blog scritto da me in inglese ma l'idea mi piace e la conservo. Non è molto; beh, a dire il vero è un po' poco, ma è molto meglio di niente.

Per quanto riguarda la costruzione del sito, grazie ad un'altra serie di ricerche incrociate ora ne so un pochino di più di quanto ne sapessi un paio di settimane fa. Una risorsa come thesitewizard.com mi ha dato alcuni spunti interessanti dai quali sono partito per approfondire le mie ricerche. Forse tra un paio di settimane ne saprò ancora di più e, magari, ad un certo punto ne saprò abbastanza per cominciare a piazzare il primo mattone.

Nei giorni seguenti l'idea del sito bilingue acquista più fascino e ora sono ragionevolmente sicuro di volerla concretizzare, probabilmente pubblicando due blog che tratteranno temi diversi.

Non è molto, lo so, ma almeno ora ho un piano.

EBOOK

Per ciò che riguarda il proposito di pubblicare i miei lavori ho le idee un po' più chiare.

Come mi sono reso conto tempo prima, ho due prodotti pronti per essere utilizzati. La prima cosa da fare è scegliere quale dei due sia il meno complicato da pubblicare. Dunque, se la scelta è tra una storia breve di fantascienza di una ventina di pagine e un libro di Scienze Politiche di oltre 90.000 parole, mi pare chiaro chi sarà il vincitore.

Quando gli Uomini Sognavano Petrolio, infatti, è una storia lunga solo 8.000 parole e ho deciso di metterla a disposizione esclusivamente in formato eBook. Questo mi porta a pensare cosa ho imparato nei giorni scorsi sulla autoeditoria. La mia intenzione è di pubblicare il mio racconto breve su Amazon e per far ciò, come prima cosa, devo fare in modo di trasformare il semplice file di testo (creato in un programma come Word o Open Office) in formato .mobi, il formato divenuto famoso per la scelta di Amazon di adottarlo. Esiste un formato perfino più noto, il cosiddetto formato .ePub, che è quello che viene utilizzato dalla maggior parte dei rivali di Amazon. Una volta che avrò trasformato la mia storia in formato .mobi, potrò finalmente pubblicarla su Amazon.

Gironzolando sulla rete, ho cominciato a capire che la traduzione dal formato file di testo ad un formato leggibile in un eBook non è immediata e crea molti problemi agli autori indipendenti, specialmente a chi di loro ha scritto libri che contengono tabelle, indici, note a piè pagina, o magari immagini. E questo è uno dei motivi per cui negli anni e con il crescere del fenomeno degli autori indipendenti, sono spuntati un'infinità di servizi a pagamento che offrono la conversione in cambio di denaro.

Io sono fortunato: *Quando gli Uomini Sognavano Petrolio* non ha nulla che renda la sua conversione complicata. È una semplice successione di parole con un titolo. Non ha neppure i capitoli! Una cosa in meno a cui pensare.

La scorsa primavera, decidendo di utilizzare il tempo libero a disposizione, avevo anche deciso di tradurre *Quando gli Uomini Sognavano Petrolio in inglese* (con il titolo *When Gold Was Black*) e di fare correggere la mia traduzione da una madrelingua inglese, e così, ora che ci penso, la mia storia è in realtà ben due storie e quindi due prodotti!

Con molta pazienza, e dopo ore di letture e di visualizzazioni di video, inizio pian piano a formattare la mia storia seguendo gli schemi e i consigli che trovo su internet. Sembra che chi possiede una conoscenza più o meno sviluppata del linguaggio HTML riesca a fare la conversione meglio e più velocemente rispetto ad altri. Non è obbligatorio saperlo, dunque, ma aiuta, specialmente se si vuole formattare eBook complicati in poco tempo.

Quando penso di aver finito la conversione dal file Word, scarico "Calibre," un programma open source dedicato alla gestione degli eBook. In poche parole, questo programma aiuta nella conversione dai file Word a file .mobi o .ePub. e permette di visualizzare una loro anteprima.

Una volta apportate tutte le modifiche necessarie al mio file Word, salvo il documento in formato xtml e aspetto che Calibre faccia la sua magia.

Fortunatamente per me ho a disposizione un Kindle (il lettore di libri elettronici commercializzato da Amazon), quindi posso trasferire il file .mobi da Calibre al mio dispositivo di lettura per controllare il risultato. Dopo alcune correzioni e accorgimenti, sono soddisfatto del lavoro finale.

Salvo le due versioni della mia storia, in italiano e in inglese, in formato .mobi e le metto da parte.

Ora arriva la parte difficile, quella che mi ero lasciato per ultimo: la creazione della copertina.

UN LIBRO IN GIACCA E CRAVATTA

Ho speso giorni per cercare di capire come mai la copertina di un libro debba suscitare tanto clamore. Ognuno ha la sua opinione in merito, ma sembra che praticamente tutti gli autori indipendenti che hanno raggiunto un certo successo dicono di doverlo almeno in parte al "vestito" che indossava il loro libro, per gli amici la "copertina."

Più e più volte ho letto la frase di ammonimento: "ricordatevi, i clienti comprano con gli occhi!" Se non state attenti, dicono gli esperti, la vostra prima pubblicazione potrebbe anche essere l'ultima!

Io non sono un designer e riconosco di non avere alcun talento particolare in questo campo ma nel mio computer ho il software di fotoritocco Photoshop, un amico di lunga data che mi trasporto da un computer all'altro da ormai dieci anni. Nel tempo ho acquisito una certa dimestichezza con questo illustre rudere del tempo e mi sono spesso divertito a creare giochi di luce ed effetti speciali utilizzando foto e immagini.

Mi rendo conto, navigando per la rete, che i prezzi per creare una copertina dietro pagamento variano da 30 dollari a migliaia di dollari per copertina! Alternative meno costose sembrano più che altro una perdita di tempo.

Non voglio spendere centinaia di dollari per una storia di meno di venti pagine, così comincio a pensare che forse potrei farmene una da solo.

UNA COPERTINA "FAI-DA-TE"

Il mio primo incontro con Photoshop è stato quando ero ancora adolescente, un rigurgito della mia passione per il disegno. Decido che, dopo tutto, vale la pena tentare. Trascorro ore per trovare un'immagine secondo me in linea con lo spirito di *Quando gli Uomini Sognavano Petrolio* e copyright free. Molta attenzione è anche dedicata a trovare effetti, colori e font adeguati. Alla fine, utilizzando la mia modesta conoscenza del programma, divento il felice proprietario di due copertine (in italiano e in inglese) della mia storia di fantascienza.

Adesso, penso, mi resta solo da scrivere una descrizione interessante dell'opera che informi i lettori sul contenuto. Fatto ciò, non rimarrà che scaricare il formato .mobi e il file della copertina appena creata su Kindle Direct Publishing, la famosa piattaforma di pubblicazioni di eBook di Amazon, e finalmente potrò ammirare il frutto del mio lavoro in bella mostra sugli scaffali virtuali.

La creazione di un sito rimane sempre presente nella mia testa e acquista ora, se possibile, perfino più urgenza.

Adesso che ho due prodotti pronti per essere pubblicati,

non mi resta che concentrarmi sulla creazione di una Piattaforma che li pubblicizzi.

CMS

Ricordo quando da adolescente mi cimentai nella creazione di un sito internet sulla mia serie di fantascienza
preferita, Star Trek. L'ho costruito interamente in HTML,
prima che parole come Wordpress o Joomla entrassero nel
vocabolario della gente.

Il sito era semplice e amatoriale, nulla di eclatante,
dopotutto era stato fatto da un tredicenne! Era una semplice
serie di links, immagini e gif che riconducevano ad altre
pagine con più immagini e gif. Ora spero ardentemente che
quel poco di conoscenza che mi è rimasta possa essermi
utile per creare il mio nuovo sito.

In realtà scopro ben presto che le mie scarse conoscenze
dell'HTML potrebbero anche non essere indispensabili.
Ora, infatti, esistono questi cosiddetti CMS, software di
content management per la realizzazione di siti web. In
parole povere, non bisogna conoscere nulla di HTML per
creare un sito internet che non faccia piangere i malcapitati
che ci si trovino di passaggio, basta imparare ad utilizzare
uno di questi "software" ed è possibile arrivare a risultati
dignitosi anche senza sapere destreggiarsi con il linguaggio
di programmazione.

Scopro che esistono diversi tipi di CMS, ma dopo aver
letto e fatto ricerche, restringo la scelta ai due che sembrano
rispondere meglio ai miei requisiti: Joomla e Wordpress.

Su internet sembra in corso da parecchio tempo una
vera e propria guerra per stabilire quale sia il migliore CMS
in circolazione e le opinioni in merito sono molto accese e
discordanti. Leggendole, mi faccio un'idea migliore delle

differenze, di quali sembrano essere i punti deboli e i punti di forza di entrambi questi prodotti.

Wordpress mi sembra più facile e immediato da utilizzare oltre ad avere un aspetto che a prima vista risulta più attraente rispetto ai siti che vedo costruiti con Joomla. Joomla, d'altra parte, è più complesso e laborioso da imparare ma apparentemente più variegato e potente. Alla fine, dopo molti ripensamenti, scelgo Joomla per tre motivi.

Mio padre sa molto più di quanto sappia io sui linguaggi di programmazione come l'HTML. Un vero e proprio colpo di fortuna perché quando gli sottopongo i miei dubbi, lui risponde immediatamente che dovrei scegliere Joomla. Questa è la prima ragione. La seconda è che sembra molto più facile creare e gestire un sito bilingue con Joomla piuttosto che con Wordpress. La terza ragione è che Joomla sembra essere l'alternativa più difficile e meno raccomandabile, un'ulteriore conferma del fatto che al sottoscritto piace complicarsi la vita.

Su internet trovo poi un sito chiamato Cloudaccess che sembra fatto apposta per i miei bisogni. Mi permette di creare delle prove di siti web usando Joomla senza sborsare un centesimo. Inoltre offre corsi gratuiti per imparare le basi di questo CMS e per farsi il proprio sito da soli.

Per diverse settimane mi dedico allo studio di questo CMS, alla correzione e alla formattazione di *Quando gli Uomini Sognavano Petrolio* e *When Gold Was Black*, alla scrittura della descrizione e allo sviluppare un'idea per i miei blog.

Senza davvero rendermene conto, sto gettando le fondamenta della mia Piattaforma.

TRENTA GIORNI DI IDEE

Studiare il CMS, formattare due eBook e creare la mia copertina non è tutto quello che faccio in questi giorni. Ogni mattina mi alzo alle sei e prima di iniziare la mia giornata di "formazione" scrivo per circa quattro ore. Dal 13 settembre al 12 ottobre questa è la mia routine, un mantra che seguo con scrupolosità religiosa.

È successo quello che non succedeva da tempo. Questa storia della Piattaforma e della pubblicazione indipendente mi ha fatto tornare a scrivere.

In un mese, scrivo più di 33.000 parole. Un primato personale!

Non è davvero importante che cosa sto scrivendo, ma il fatto che lo stia facendo.

Il 12 ottobre, quando penso di aver gettato le basi di un libro, decido di lasciare riposare il tutto. Mi concentro sulla creazione della Piattaforma e sui prodotti che ho già a disposizione senza dimenticare che il materiale scritto in questi trenta giorni potrebbe essere l'inizio di qualcosa di davvero molto interessante.

OTTOBRE DI DOMANDE... E DI RISPOSTE

Quando guardo la cronologia del browser rimango stupito. Nel mese di ottobre, più dell'ottanta percento dei siti che ho visualizzato hanno a che fare con il self-publishing, il web marketing, Joomla e materiali collegati: cerco notizie su libri dedicati all'autoeditoria, su come utilizzare CreateSpace (uno dei servizi di Print-On-Demand più famosi del mondo), scopro ogni giorno un nuovo blogger o scrittore dedito alla pubblicazione indipendente e mi accorgo di essere di fronte a qualcosa di molto più grande di quanto avessi sospettato all'inizio. Di nuovo.

Ogni volta che credo di aver afferrato le dimensioni di

questo fenomeno, una nuova rivelazione sotto forma di video, sito internet, blog o statistica mi smentisce.

In questo periodo cerco su Google cose di questo genere: "come fare il blogger," "indie author," "una guida per la pubblicazione indipendente," "pubblica eBook su Amazon," "come convertire da file Word a .mobi," "ePub conversion software," "Calibre," "come allineare a sinistra il proprio eBook," "costruisci un sito multilingue con Joomla," "come creare una pagina fan su Facebook," "creare una newsletter," ecc, ecc.

Sul sito BookBaby m'informo su tecnicismi come: "per quale motivo il tuo libro ha bisogno di editing," "impaginazione standard e fissa," "come inserire interruzioni di pagina quando formatti il tuo eBook," "che tipo di margini dovrei usare per il mio libro?" "errori comuni quando si formatta un eBook," "cos'è un ISBN e perché il mio libro ne ha bisogno," "cos'è il metadata e perché un autore deve saperlo," "formattare il tuo lavoro e distribuirlo come eBook" e "consigli su come scrivere una quarta di copertina che catturi l'attenzione."

La mia lista dei termini da cercare continua a crescere, ma ogni concetto che spunto con la penna è un lato oscuro in meno in questo affascinante ma ancora misterioso reame della pubblicazione indipendente.

SOCIAL MEDIA

È da quando ho letto il libro Platform sul finire di luglio che le parole "social media" hanno assunto per me un nuovo significato.

Non si tratta più di un semplice passatempo o di un modo per tenermi aggiornato sui miei amici e contatti. È diventato un sinonimo di risorsa, uno strumento da utilizzare per il raggiungimento di un obiettivo.

Mi convinco di aver bisogno di ripensare completamente il concetto stesso di "social" applicato a internet e adattarlo alla mia nuova esigenza di creare una Piattaforma.

Inizio con Facebook, creando una "pagina" dedicata alla mia nuova figura di autore indipendente. Non esiste un manuale (o almeno io non l'ho trovato) su come iniziare, per la verità non so davvero neppure quale sia la differenza tra il mio profilo Facebook e una pagina Facebook, ma nelle settimane passate ho osservato dozzine di pagine Facebook di autori indipendenti e ho un'idea più o meno chiara di cosa fare: semplicemente iniziare a scrivere qualcosa, qualsiasi cosa sia.

In altre parole, rompere il ghiaccio.

Il 27 ottobre la mia pagina Facebook nasce ufficialmente con il non troppo clamoroso (o intelligente) messaggio: "Hi Facebook! Nice to meet you! Let's get started!" (Ciao Facebook! Felice di conoscerti! Iniziamo!).

Twitter è una storia completamente diversa.

Ho sentito dire che è uno dei social media più importanti ma personalmente non l'ho mai usato e francamente non capisco la sua utilità.

Decido comunque di creare un account, procedura non difficile, ma che richiede un po' di tempo. Una volta fatto, comincio a studiare la schermata. I comandi sono semplici e intuitivi. Anche questo, lo metto nella categoria "capitale immobilizzato." Non molto utile al momento, ma chissà, magari in futuro...

Ci sono altri social media che potrebbero essermi utili, come Pinterest, ad esempio, ma per ora decido di concentrarmi solo su Facebook e Twitter. Dopotutto, mi rendo conto, sono solo un novizio e non ho alcuna esperienza in questo campo. So bene che questo è un reame del quale so davvero poco. Cominciare ad usare questi strumenti, magari non facendolo nel modo più appropriato, è l'unico modo per imparare.

Da buon principiante senza davvero alcuna idea di come comportarsi, sono ben consapevole di avere un urgente bisogno di sbagliare.

REMEMBER, REMEMBER, THE 1ST OF NOVEMBER...

Il primo novembre 2013 è una data con un significato speciale. È il giorno in cui compro il servizio hosting e il mio sito micheleamitrani.com ha finalmente un suo spazio web personale.

micheleamitrani.com è incredibilmente scarno e con poco contenuto. Graficamente è molto semplice, spartano, a tratti banale, ma è una cosa mia, che ho fatto da solo. Qualcosa che controllo e gestisco, la mia nuova casa nel cyberspazio.

Il primo novembre è una data importante anche per un altro motivo. *When Gold Was Black*, la versione inglese della mia storia di fantascienza, è pubblicata su Amazon, presto seguita da *Quando gli Uomini Sognavano Petrolio*. Passare attraverso Kindle Direct Publishing per la loro pubblicazione è stato un po' più laborioso di quanto mi aspettassi ma vedere due miei prodotti su Amazon mi riempie di gioia. Quasi non posso credere che poche settimane prima erano solo un pugno di righe di testo in un file Word.

È il mio primo, vero assaggio di self-publishing!

Il mio cervello registra il fatto: sono ufficialmente un autore indipendente, con onori e oneri. Mi guardo attorno e assaporo il momento. Non riesco a trattenere un sorriso. Nessuno si è congratulato con me, nessuno mi ha stretto la mano e nessuno mi ha dato una pacca sulle spalle. Fuori dalla finestra non vedo fuochi d'artificio o una folla in festa che danza per le strade. La Borsa di New York non viene sospesa per eccesso di rialzo.

Ci sono solo io, in un giorno senza nessun avvenimento significativo, che fisso sul monitor la copertina di una storia breve pubblicata senza clamori.

Mi alzo e vado in cucina. Apro l'armadio e prendo una barretta di cioccolato che comincio a scartare.

Verso poi dell'acqua in un bicchiere di plastica e la sorseggio soddisfatto. Ha il sapore dello champagne.

Nulla è davvero cambiato.

Nulla sarà più lo stesso.

CAPITOLO 4

LA LEZIONE

"Devi imparare una lezione pratica: il solo coraggio e la determinazione non ti salveranno dall'affogare."
— **David Robinson**

NON È LA DESTINAZIONE, MA IL VIAGGIO

Nel momento in cui sto scrivendo l'ultima parte di questo libro, sono seduto in un bar al centro di Vancouver, con un muffin al doppio cioccolato sul punto di firmare un contratto di residenza permanente con il mio stomaco.

Sono passati quattro anni e sette mesi esatti dal giorno in cui pubblicai una storia breve di fantascienza su Amazon, entrando in un mondo che mi ha cambiato profondamente non solo come scrittore, ma anche come persona.

Rifletto, pensando a come è cambiata la mia vita da quel momento. Rifletto sulle cose che ho scoperto, sui libri che ho scritto e pubblicato, sui progetti falliti, su quelli che non si sono mai realizzati e su quelli che mi hanno aiutato a rivoluzionare la mia storia. Rifletto sulle centinaia di persone che ho conosciuto sul World Wide Web, sulle dozzine con cui ho collaborato e sulle migliaia di altre che non vedo l'ora di conoscere.

Quando gli Uomini Sognavano Petrolio non è stata la semplice pubblicazione di un eBook, ma l'inizio di una vera e propria missione che può essere sintetizzata con la frase: aiutare altre persone a pubblicare indipendentemente i propri lavori.

Se qualcuno avesse detto al Michele Amitrani del primo novembre 2013 che in futuro avrebbe creato una Piattaforma online comprendente un sito internet, un canale YouTube e un podcast il cui scopo è aiutare altre persone a produrre, pubblicare e pubblicizzare i propri lavori quel Michele Amitrani avrebbe riso.

Perché avrebbe riso? Perché non se lo aspettava? Perché in quel momento era qualcosa che non aveva neppure pensato? No. Avrebbe riso perché quel Michele era una persona fondamentalmente diversa rispetto al Michele di oggi, più incentrata su sé stessa che sul mondo circostante, più interessata ai suoi bisogni rispetto a quelli degli altri. Avrebbe riso perché lui, in quel momento, non aveva idea di come pubblicare e pubblicizzare indipendentemente un prodotto. Come diavolo avrebbe potuto aiutare altri a fare qualcosa che non sapeva fare?

Già. *Come?*

Ci sono momenti in cui bisogna guardarsi indietro e fare un bilancio delle lezioni apprese. Credo che quasi un lustro di self-publishing richieda quel particolare bilancio.

DA SOLI IN MEZZO ALL'OCEANO

Qualche anno fa Michael Hyatt, lo stesso signore che scrisse il libro di marketing che catturò la mia attenzione un caldo giorno di luglio, raccontò la storia di come lui e sua moglie Gail avevano rischiato di morire nel bel mezzo di una vacanza.

Michael e Gail stavano nuotando tranquillamente nelle acque cristalline di una qualche località esotica, godendosi le bellezze del mondo subacqueo. Ad un tratto entrambi si girarono verso la costa, e restarono senza fiato. La costa era talmente distante dal punto in cui si trovavano che si faceva fatica a vedere. Mentre erano occupati a godersi le bellezze subacquee, inebriati e distratti, la corrente li aveva trascinati al largo senza che se ne accorgessero.

Furono immediatamente assaliti dal panico.

Iniziarono a nuotare disperatamente nella direzione opposta. Con molti sforzi e fatica, continuarono a nuotare finché alla fine, stremati, raggiunsero sani e salvi la spiaggia.

Quel giorno Michael e Gail impararono una lezione importante: sempre tenere d'occhio il punto da cui si parte, se non si vuole rischiare di affogare.

Credo che questa storia insegni anche a noi alcune lezioni.

Non solo è bene ricordarsi il punto da cui si è partiti, ma è anche bene guardarsi attorno, ogni tanto, per stabilire dove ci troviamo. Questo ci aiuta a non dare nulla per scontato.

Ho iniziato questo libro dicendo che volevo scrivere una storia che ho pensato valesse la pena raccontare perché non sono riuscito a trovarla da nessun'altra parte.

Farei un lavoro a metà, dunque, se non ti raccontassi almeno una delle cose più importanti che ho imparato durante il mio viaggio da self-publisher, qualcosa che credo possa essere utile a colleghi indie che nuotano nelle mie stesse acque, o a persone che stanno pensando di farlo in futuro.

Mentre scrivo quest'ultima parte mi faccio la semplice domanda: se potessi mettere un messaggio in una bottiglia e lanciarla nell'oceano con la speranza che raggiunga qualcuno, che cosa scriverei?

La risposta mi viene spontanea. Parlerei di un elemento da cui ho imparato moltissimo, talmente potente da poter fare o disfare chiunque.

AAA CERCASI MACCHINA DEL TEMPO

Il 19 aprile del 2014 pubblicai il primo libro di una serie di fantascienza. A quel tempo, mosso dalla passione e dall'euforia propria delle persone giovani, avevo davvero pochi dubbi riguardo quello che sarebbe successo in futuro: il libro mi avrebbe sicuramente imposto all'attenzione della vorace e nutrita community di lettori di fantascienza italiani come uno degli autori emergenti più brillanti del momento.

Non solo. Alla presunzione aggiunsi anche l'antipatia quando creai su un forum un messaggio intitolato: "A 27 anni, auto-pubblica su Amazon e resuscita la fantascienza italiana."

Chi non vorrebbe prendere a schiaffi un tizio del genere?

Non potendo tornare indietro nel tempo non mi resta che ammettere la mia ingenuità e analizzare alcuni problemi che a quel tempo non riuscivo neppure a vedere, problemi che mi hanno portato a fare diversi errori di giudizio.

Il primo problema era piuttosto ovvio: la nutrita community di lettori di fantascienza italiani era reale quanto Paperopoli. Non fraintendermi. Esistono dei lettori di fantascienza italiani, ma vanno setacciati nei fiumi della California e tenuti come vere e proprie pepite d'oro quando si trovano.

Il secondo problema era che quel ventisettenne non era affatto brillante, solo molto altezzoso e molto sicuro di sé, una combinazione pericolosa quanto una granata senza spoletta in un deposito di C-4.

A quel tempo non avevo idea di tutto questo. Solo perché io leggevo e amavo la fantascienza ero propenso a proiettare questo mio interesse su una moltitudine di persone alle quali la fantascienza non interessava affatto. (Appunto personale: se effettivamente trovi una macchina del tempo, convinci lo sciagurato Michele a scrivere un genere che vende bene in Italia, come il romance).

L'altro errore che feci fu pensare che ci fossi solo io a pubblicare indipendentemente, o almeno che io fossi il migliore, senza avere idea delle centinaia di altre persone che avevano già pubblicato da sole.

Ingenuo, lo so, ma per qualcuno che non vede al di là del proprio libro sono errori piuttosto comuni.

Morale della storia? Non ha senso mentire o girarci attorno: soldi e fama erano tra i miei obiettivi principali quando diventai un autore indipendente. Dopotutto, se un ragazzino britannico della mia stessa età ci era riuscito con il fantasy, perché non io, giusto?

Sbagliato.

Il mio sbaglio derivava da un tipo di presunzione chiamato 'aspettative infondate'.

IL BACIO DELLA MORTE DELLE ASPETTATIVE

Le aspettative non sono sempre e comunque infondate. Quando entro nel bar sotto casa, guardo il barista che lavora lì ogni mattina e senza che io gli dica niente mi serve un caffè macchiato al latte di mandorle, il barista sta rispondendo alla mia aspettativa di avere quello che ordino ogni giorno: caffè macchiato al latte di mandorle.

Immagina ora di entrare in un bar per la prima volta, guardare il barista e dirgli: "Il solito, per favore." Che cosa credi succederà? La mia aspettativa che un barista che non ho mai visto sappia che cosa voglio è completamente infondata. E da qui, ovviamente, nascerà una delusione.

"Mi scusi?" risponderà lo sconosciuto barista, "Caffè macchiato al latte di mandorle? Dove crede di essere? In Canada? Non facciamo porcherie del genere qui!"

Torniamo indietro di qualche anno. Il 19 aprile del 2014 sono sbarcato su Amazon con lo stesso tipo di aspettative. Solo perché ero un giovane autore di fantascienza che aveva pubblicato indipendentemente sul negozio online più grande del mondo, mi aspettavo che soldi e notorietà arrivassero automaticamente. Ero entrato in un bar sconosciuto e mi aspettavo che il barista mi servisse la bevanda che volevo.

Aspettative infondate. Subdole e onnipresenti. Confrontarmi con loro è stata la prima di una serie di lezioni che ho imparato sulla mia pelle, una delle tante cadute impossibili da evitare.

Certo, quando si ha un progetto, un obiettivo, o un prodotto da vendere, è naturale avere delle aspettative. Il problema è che queste aspettative possono facilmente distruggere la risoluzione di una persona che non vede oltre l'appagamento immediato e momentaneo.

Il mio consiglio? Guarda oltre.

Renditi conto che la maggior parte delle volte il risultato immediato ha lo stesso valore delle ceneri di una sigaretta.

Guarda oltre quello che credi sia giusto, oltre quello che pensi ti sia dovuto. Guarda oltre il tuo prodotto.

Difficile, lo so, ma necessario se vuoi sopravvivere in mezzo all'oceano.

In questi anni ho visto una moltitudine di autori indipendenti sorgere e tramontare proprio a causa di aspettative infondate che sono state immancabilmente deluse.

Io stesso ho dovuto confrontarmi (e continuo a confrontarmi) con queste 'aspettative ammazzasogni', e ci sono stati momenti in cui hanno rischiato di sopraffarmi. Non ci sono riuscite perché mi sono concentrato sul motivo per cui ho iniziato il mio viaggio di indie. Il mio motivo può essere diverso dal tuo, ma deve essere abbastanza forte da resistere alle delusioni provocate dalle aspettative infondate.

Sei di più della somma delle tue parti. Cerca di guardare al tuo prodotto con gli occhi del pubblico, e se non ci riesci, chiedi ad altri di farlo per te.

Non essere semplicemente coraggioso e determinato. Devi essere pronto a giudicarti. Ricorda che le aspettative infondate saranno sempre al tuo fianco, ma che potrai controllare la tua reazione a quelle aspettative se sai qual è il tuo 'perché'.

Oggi, guardandomi indietro, vedo chiaramente che il Michele Amitrani del 19 aprile del 2014 aveva coraggio e determinazione, ma da sole queste due componenti non bastano, anzi, possono essere dannose. Se sono gli unici motori che tengono a galla la nave, non dureranno a lungo.

Girati verso la costa, ogni tanto. Ricordati il punto da cui hai iniziato se non vuoi trovarti nel bel mezzo dell'oceano e rischiare di affogare.

QUAL È LA TUA COSTA?

Ci sono troppe cose che non dipendono dal tuo controllo, e se scrivi mosso da semplice determinazione, non durerai a lungo.

Non solo.

Quello che accadrà a due anni da adesso dovrebbe contare molto più di quello che accadrà tra due minuti.

Una chiara visione del punto in cui vuoi trovarti in futuro dovrebbe sempre essere più importante dell'appagamento immediato.

Ma perché, ti sento chiedere? Che cosa c'è di sbagliato nella soddisfazione di avere qualcosa, qualsiasi cosa, ADESSO? Il motivo è semplice: tenere la testa sott'acqua per godersi le bellezze dell'oceano mentre si nuota può portarti parecchio fuori rotta.

Se scrivi un post su Facebook solo per i like non durerai a lungo.

Se metti un video su YouTube solo per le visualizzazioni non durerai a lungo.

Se pubblichi un libro solo per le vendite non durerai a lungo.

Il tuo 'perché' deve essere la tua bussola.

Per quale motivo hai deciso di iniziare a fare quello che stai facendo? Domanda seria. *Perché?* Ti sei mai fatto questa domanda?

Se non hai una risposta in cui credi davvero, considera di mettere in agenda una conversazione a quattr'occhi con te stesso. Hai bisogno di una risposta a quella domanda se vuoi attraversare l'oceano.

Nel cercare quella risposta, stai costruendo delle fondamenta. Più credi in quella risposta, più forti saranno le fondamenta. Saprai in ogni momento da dove sei partito, e non farai alcuna fatica a tornare indietro, se necessario, per ripartire da zero.

Il famoso giocatore di pallacanestro David Robinson disse: *"Devi imparare una lezione pratica: il solo coraggio e la determinazione non ti salveranno dall'affogare."*

Decidi qual è la tua costa, e inizia a nuotare.

Ci vediamo in acqua.

CONCLUSIONE

"La tua mano e la tua bocca hanno stabilito molti anni fa che, quando si tratta di cioccolato, non c'è alcun bisogno di scomodare il tuo cervello."
— **Dave Barry**

Permettimi di ripetermi ancora una volta: ho scritto questo libro perché non sono riuscito a trovarne uno simile.

Vedi, non è difficile farsi un'idea di chi sia un autore indipendente. Wikipedia ha una risposta soddisfacente ad una domanda come questa.

Creare un blog oggi richiede meno di un minuto, e se non si sa da dove iniziare, basta chiedere a Google, che ti risponderà in una frazione di secondo proponendovi circa 1.280.000 risultati.

Costruire una Piattaforma poi, è una questione più che altro di abilità, fortuna, risorse e tanta, tanta perseveranza.

Eppure, né Wikipedia, né Google né la combinazione di abilità, fortuna, risorse e perseveranza mi hanno mai permesso di rispondere alla semplice domanda: "Che cosa *prova* un autore indipendente?"

Ho scritto questo libro per dare risposta a quella domanda, e per farlo, ho dovuto guardare con attenzione alla mia storia, alle decisioni che ho preso e al motivo per cui un venerdì pomeriggio un semplice click del mouse mi ha fatto capire tutte le cose che avrei potuto essere, se solo fossi stato disposto a cadere un numero indefinito di volte nel pozzo dell'incertezza, dell'ignoranza, della banalità e dello sconforto.

Ho scoperto che un autore indipendente prova un sacco di cose. Come il buon vecchio Talete, è alla ricerca di risposte e cade spesso nei molti pozzi disseminati sul suo cammino perché non sa neppure lui dove sta andando. Come Talete, deve fare i conti con la sua servetta di Tracia che punta il dito contro di lui e deride la sua volontà di guardare verso il cielo, di cercare le risposte a domande che nessuno gli ha fatto, invece di preoccuparsi di non inciampare.

L'autore indipendente che ha deciso di votarsi anima e corpo al self-publishing è una strana bestia: sensibile, attento ai particolari, spesso vulnerabile, non è strano che sperimenti un arcobaleno di stati d'animo differenti tutti allo stesso tempo; e se tiene davvero al suo lavoro, considera i suoi prodotti (libri, corsi, video, ecc.) una vera e propria estensione del suo corpo.

Ogni giorno che non vende uno dei suoi prodotti, o una delle sue idee non si diffonde, sperimenta una sorta di sconforto che a volte sa di umiliazione. Ogni settimana senza un "like" sulla sua pagina Facebook è una conferma che il contenuto che offre non è abbastanza interessante. Ogni volta che le visualizzazioni sul suo canale YouTube rimangono le stesse, è un segnale che qualcuno, da qualche parte, sta offrendo lo stesso video, probabilmente fatto meglio.

L'autore indipendente dovrebbe cercare di fare networking con altre persone, di condividere valori, idee e stati d'animo e di arricchirsi nel processo.

Non sempre ci riesce e, se è abbastanza umile, capisce che magari la sua storia non è poi scritta così bene, che il suo video poteva essere fatto meglio, che il suo messaggio avrebbe potuto essere più chiaro o indirizzato ad un pubblico diverso.

Cadere nel pozzo fa male. Dolore e umiliazione sono spesso le monete di scambio per chi osa guardare in alto e non ci sono mani amiche a tirarti su, ad aiutarti.

Si cade da soli.

Dipende da noi alzarci e continuare a camminare con la meta fissata verso un punto distante ed impreciso dove non ci sono strade o indicazioni da seguire, o scorciatoie da scoprire.

Ho scritto questo libro perché mi sarebbe piaciuto poter leggere le vicissitudini di un indipendente come me alle prime armi, che non sapesse quale libro studiare, o a chi chiedere aiuto. Qualcuno insomma che non si rendeva neppure conto di quali errori stesse facendo.

Se sei un autore indipendente che sta navigando nel mare della pubblicazione (o più in generale della 'creazione') fai-da-te, saprai molto bene che quel viaggio è perlopiù solitario e foriero di tempeste.

Il mio libro non vuole darti consigli sul "come" o sul "perché" e il sottoscritto è il primo ad ammettere di non avere la più pallida idea di quale rotta stia seguendo, o se lo porterà davvero da qualche parte.

Tuttavia, da autore indipendente sempre in cerca di una risposta utile alle questioni più complesse, mi sento in dovere di lasciarti con due consigli.

Consiglio numero **uno**: crea un mantra, un 'perché', qualcosa in cui credi davvero che ti ricordi esattamente per quale motivo stai facendo quello che stai facendo. Nel mio caso, questa è la frase che mi ripeto quando mi sento confuso, perso o demotivato:

"Voglio creare e condividere storie che emozionino ed ispirino chi le legge, storie che aggiungano un valore che non era presente prima che fossero scoperte."

Per quanto riguarda il consiglio numero **due**, credo che ti troverai d'accordo con il sottoscritto quando dico: *"Nel dubbio, mangia tanto cioccolato."*

PERSONE DA SEGUIRE

Ti propongo di seguito una lista di persone che hanno creato risorse utili per capire i reami complessi e affascinanti del web marketing, della promozione editoriale e della pubblicazione indipendente.

Probabilmente non avrai il tempo di leggere una lista troppo lunga, per questo motivo ti propongo solo cinque nomi.

EUGENE PITCH

Eugene è un self che si è affermato negli ultimi anni e che ha contribuito al panorama indipendente italiano in molti modi diversi. È uno dei moderatori del gruppo Facebook 'Self Publishing Italia' oltre ad essere il curatore del sito ScrivoFacile e il fondatore del podcast RadioScrivo. Condivide periodicamente risorse utili per gli autori che vogliono pubblicare e promuovere i propri libri professionalmente.

Eugene è anche il fondatore del SELFIT, il primo Summit Italiano internazionale sul Self-Publishing, un evento che ha visto per la prima volta una ventina di personalità nazionali e internazionale dell'autoeditoria presentate su un palco tricolore.

Puoi trovare Eugene sul sito: https://scrivofacile.com/

GABRIELE DOLZADELLI

Gabriele è uno dei self più giovani che conosco.

Trovo che il suo gruppo Facebook 'Self Publishing Italia' sia una risorsa utile per autori indipendenti che hanno dubbi sull'autoeditoria, o che vogliono confrontarsi con le esperienze degli altri 2300 indie che popolano questo gruppo. Gabriele mantiene attivo Self Publishing Italia non solo rispondendo a domande e moderando efficacemente, ma anche creando spesso delle dirette in cui lui, assieme ad altri self, condividono la loro esperienza come autori.

Lo consiglio non solo se sei un indie che sta muovendo i primi passi, ma anche se sei un esperto che naviga in queste acque da parecchio tempo.

https://gabrieledolzadelli.com/

RITA CARLA FRANCESCA MONTICELLI

Carla è stata la prima autrice indipendente italiana che ho iniziato a seguire in modo regolare. Lei è una vera e propria fucina di idee e seguirla attraverso il suo blog su anakina.net mi aiuta a mantenermi informato non solo sui suoi progressi come scrittrice, ma anche e soprattutto su che cosa sta facendo e sulle sue interessanti esperienze di autrice indipendente. Seguirla nel tempo mi ha aiutato a capire meglio come funziona il mondo del self.

Carla ha pubblicato il miglior libro sul self-publishing in circolazione in Italia: *Self-publishing lab: Il mestiere dell'au-*

toeditore. Ritengo questa una lettura obbligatoria per chiunque voglia fare autoeditoria professionale

Carla gestisce anche una newsletter sul self-publishing che tiene aggiornati gli iscritti sui cambiamenti che interessano l'editoria digitale.

Ti consiglio caldamente di iscriverti. Mi ringrazierai dopo.

https://bit.ly/SelfPnews

SONIA LOMBARDO

Sonia è una blogger, un'autrice e la curatrice dello spazio web Storia Continua. È una persona che conosco da parecchio tempo (è stata la primissima intervistata nel mio podcast Credi Crea), e il suo sito è una delle risorse più longeve riguardanti self-publishing, promozione editoriale e scrittura.

Quello che rende davvero particolare Storia Continua è l'ammontare di articoli studiati e dettagliati riguardanti casi studio, esempi concreti e ricerche sul campo.

Nessun altro sito che io conosca ha una quantità anche solo paragonabile a queste risorse. In molti dei suoi articoli Sonia analizza eventi reali, utilizza numeri, dati e statistiche per fare capire cosa funziona nel mondo dell'editoria self e non.

https://www.storiacontinua.com/

MICHELE AMITRANI

Come ultima e meno importante risorsa nella lista mi sono permesso di inserire anche la mia Piattaforma online, il cui cuore pulsante risiede su www.credinellatuastoria.com.

Credi Nella Tua Storia è cresciuta parecchio negli

ultimi anni, e ad oggi comprende un canale Youtube con circa 300 video dedicati al self-publishing e alla promozione editoriale, un podcast (Credi Crea) con le interviste ad oltre cinquanta autori e un sito internet che aiuta ogni giorno dozzine di persone a barcamenarsi nel mondo della pubblicazione indipendente.

http://www.credinellatuastoria.com/

RISORSE

STRUMENTI E RISORSE

Questa pagina contiene una lista di risorse e strumenti che uso o ho usato in passato e che hanno facilitato il mio 'viaggio' nel mondo del self-publishing.

Le riporto senza nessun particolare ordine, con una breve descrizione di che cosa sono e di come possono essere utili.

SCRIVENER

Scrivener è un software di scrittura. A differenza di programmi come Word, Open Office o Pages, Scrivener è stato creato appositamente per scrittori. Con esso è facile sistematizzare appunti, creare cartelle specifiche per personaggi, luoghi, eventi, e costruire la trama di una storia. Da quando ho iniziato ad usare questo programma, ho notato un incremento sorprendente non solo del numero di parole che riesco a scrivere (da poche centinaia fino a diverse migliaia al giorno), ma anche della loro qualità.

FINAL CUT PRO X

Final Cut Pro è un software creato dalla Apple per il montaggio di filmati. Questo programma consente di 'montare' filmati, utilizzando un'interfaccia grafica molto semplice, potente e intuitiva. Dopo aver usato iMovie, il cugino meno sviluppato di Final Cut Pro, ho deciso di investire un po' di soldi in questo programma per creare i miei book trailer, tutorial e video YouTube. Il risultato è stata una rivoluzione nel modo in cui creo i miei lavori. Final Cut Pro mi ha permesso di velocizzare e di migliorare la creazione di qualsiasi filmato che produco con il mio Mac.

SQUARESPACE

Squarespace è un 'Sistema di gestione di contenuti Web' che permette di creare siti. Essenzialmente è un website builder, una piattaforma di blogging e un hosting service, il tutto allo stesso tempo. Simile ai più conosciuti Wix o Weebly, questo potente strumento mi ha permesso di creare velocemente siti internet mobile friendly e di alta qualità.

PEXELS

Questo è il sito internet che uso maggiormente per avere immagini ad altissima risoluzione che sono anche copyright free.

99DESIGNS

99designs è un sito di crowdsourcing popolato da una massiccia comunità di designer e di imprenditori. Privati, imprese e startup in tutto il mondo utilizzano questo sito per ottenere loghi, biglietti da visita, magliette, siti Web e molto altro ancora. Se hai bisogno di un qualsiasi tipo di design, il sito funziona in questo modo: tu scrivi quello di cui hai bisogno, paghi un certo prezzo, e nell'arco di pochi giorni riceverai dozzine se non centinaia di lavori che ti verranno proposti da decine di designers diversi. Ho usato più volte 99designs per le copertine dei miei libri, e mi sono sempre trovato molto bene.

100COVERS

Questa è un'altra alternative per avere cover professionali. Molto meno cara di 99Designs e molto più veloce da utilizzare. Si lavora attraverso un rappresentante del sito che coordinerà lo sviluppo della copertina, facendo da tramite tra te e il designer. Non saprai mai il nome del designer che ti fa la copertina, ma poco importa. Ho usato 100Covers diverse volte e raccomando molto il loro servizio.

PHOTOSHOP

Un software di design grafico che ha bisogno di davvero poche presentazioni. Lo uso sporadicamente, ma quando ne ho bisogno vale tutti i soldi spesi. Se stai cercando un'alternativa gratuita, ti consigli di dare un'occhiata al software GIMP.

CANVA

Canva è una piattaforma online di progettazione grafica con la quale è possibile creare in modo facile ed intuitivo un numero impressionante di immagini che possono essere usate nel tuo blog, nei social network, ma anche per creare copertine di eBook e molto altro ancora. Canva è una delle risorse che uso maggiormente nella mi attività di autore indipendente.

MAILCHIMP

Mailchimp è un fornitore di servizi di email marketing e conta sette milioni di utenti che inviano mensilmente più di dieci miliardi di messaggi di posta elettronica. Con Mailchimp è possibile iniziare a costruire una mailing list di persone che decidono di iscriversi al tuo sito per avere notizie periodiche e news riguardanti te o i tuoi lavori.

MAILERLITE

Un competitore di Mailchimp. A mio avviso molto più semplice da usare e offre la possibilità di avvalersi di features molto più avanzate rispetto a MailChimp. Il piano è gratis ti permette di avere fino a 1000 iscritti senza sborsare un centesimo. Questo è il servizio di email marketing che uso di più e che raccomando alla maggior parte degli autori indie.

CALIBRE

Calibre è un software open source e multipiattaforma dedicato alla gestione degli eBook. È uno degli strumenti che uso da più tempo e mi permette di controllare la formattazione dei miei libri, oltre a fornirmi un ponte di collegamento tra il mio computer e il mio Kindle per le ultime correzioni prima di premere il fatidico pulsante 'pubblica'.

VELLUM

Vellum è un software che permette di creare velocemente un libro in formato eBook o in versione cartacea. Vellum è un programma costoso, e funziona solo su Mac, ma è uno dei migliori acquisti che ho fatto nella mia carriera di autore.

BOOKFUNNEL

BookFunnel è un servizio per autori specializzato nella distribuzione di ebook e audiobook. Con esso puoi inviare libri ai tuoi lettori o fare in modo che li scarichino nel formato che preferiscono. È un'aggiunta piuttosto recente al mio arsenale di autoeditore, e mi chiedo ogni giorno come ho fatto a sopravvivere senza.

SECONDO LIBRO IN QUESTA SERIE

Ce l'hai fatta! Hai pubblicato il tuo libro. E adesso? Per un autore imprenditore pubblicare un libro è solo l'inizio del viaggio.

Ora viene la parte difficile, quando cerchi di venderlo a qualcuno che non sia tua madre o l'amico che ti deve un favore.

In *Destinazione Amazon Ads* ti spiego come ho diretto traffico sui miei libri generando vendite e visibilità.

Ti svelo verità guadagnate con sudore, soldi e decine di ore spese a studiare il sistema migliore per vendere libri nel negozio online più grande del mondo.

In *Destinazione Amazon Ads* scoprirai:

1. Perché non tutti gli annunci pubblicitari sono creati uguali, e come fare a forgiare quelli migliori per te
2. Come ottimizzare la pagina del tuo libro per aumentare le conversioni
3. Perché Amazon promuove alcuni libri piuttosto che altri
4. Dove posizionare strategicamente i tuoi ads per aumentare la visibilità
5. Tre strategie per vendere più libri in diversi stadi della tua carriera di autore

Destinazione Amazon Ads ti dà consigli su come ricavare un profitto indipendentemente dal genere che scrivi e dalla grandezza del tuo catalogo.

Una volta che avrai scoperto come usare al meglio

questi annunci pubblicitari, non guarderai più alla tua carriera allo stesso modo.

Sei pronto a rivoluzionare il tuo modo di vendere libri?

Destinazione Amazon Ads è disponibile in formato eBook e cartaceo.

ANTEPRIMA DI DESTINAZIONE AMAZON ADS

Introduzione

Lo so che cosa si prova a guardare una dashboard che riporta la vendita di zero libri. Non è una bella sensazione. Se stai leggendo questo libro, immagino che tu abbia provato qualcosa di simile. Magari stai vendendo qualche copia ogni tanto, ma non ti basta. Vuoi di più. Vuoi raggiungere un pubblico più ampio.

Non ti mentirò. Vendere libri è difficile. Ci sono molte variabili che vanno al di là del tuo controllo. Un libro (specialmente di narrativa) è un prodotto strano, i gusti dei lettori sono diversi, difficili da prevedere. Un capolavoro per una persona può essere una perdita di tempo per un'altra. Nessuno di loro ha ragione. Non esiste un metro universale per giudicare la qualità di un libro.

Eppure ci sono molti autori che guadagnano abbastanza da poter pagare le bollette, autori che si sono licenziati da lavori di tutto rispetto grazie ai proventi derivati dal self-publishing.

Questa non è una favola. È una realtà solida come il

MacBook Pro che sto usando per scrivere questa introduzione.

Ho parlato con molti di questi autori, ho stretto loro la mano, e ho fatto loro delle domande che mi hanno aperto un mondo foriero di possibilità. Per me, è stato un po' come entrare nel guardaroba magico descritto nel fantasy di C. S. Lewis. Ho scoperto la terra di Narnia, e quando sono tornato, non ero più lo stesso.

Voglio che anche tu scopra la terra di Narnia.

Ma c'è un problema. Prima che una persona compri il tuo libro, deve trovarlo, leggere la descrizione, valutare il prezzo e le recensioni e decidere se cliccare il pulsante 'compra' oppure no.

Clic. Clic. Clic. Una manciata di azioni che richiedono pochi secondi, ma che stanno diventando sempre più difficili da ottenere.

Voglio raccontarti una storia. C'era una volta un autore indipendente che aveva scritto una serie di fantascienza. Aveva dedicato quattro anni alla stesura della storia, aveva messo anima e corpo in ogni aspetto della sua pubblicazione.

Purtroppo, nessuno sapeva che la sua serie esistesse. Questo autore non aveva idea di come attrarre l'attenzione sui suoi libri.

Non era ancora entrato nella terra di Narnia.

Come forse avrai capito, quell'autore ero io.

Per anni sono stato della convinzione che i libri dovessero venire 'scoperti' dal pubblico, che il traffico non potesse essere creato ma dovesse essere atteso in modo fiducioso.

Se il libro è di qualità, verrà scoperto. Il pubblico giusto lo troverà, prima o poi.

Sorrido pensando a quell'idea, adesso. E al tempo stesso mi sento tremare i polsi.

Questa è la dura verità: stavo scavando la fossa alla mia carriera di autore indipendente, e non me ne rendevo neppure conto.

Ti dirò un'altra verità.

Questa è la storia della maggior parte degli autori indipendenti italiani che ho incontrato in quasi un decennio di self-publishing. Molti di loro hanno creato un libro solido, ben scritto. Alcuni hanno addirittura pubblicato svariati libri con un editore tradizionale. Hanno deciso di fare il salto nell'autoeditoria per avere più controllo sulle proprie opere, per avere più possibilità di successo, e sono convinti che il duro lavoro che stanno facendo condividendo la loro opera sui social, o inseguendo bloggers e booktubers, li porterà al successo.

Nessuno di loro si è accorto di stare impugnando la pala.

Ho già detto che ci sono variabili che sono al di fuori del controllo di un autore. Ad esempio, non puoi sapere con certezza matematica a quanti lettori piacerà il tuo romanzo, o per quale motivo.

Ma il libro che stai leggendo ti parla di qualcosa che *puoi* controllare, di un elemento che può fare tutta la differenza del mondo la prossima volta che guarderai la tua dashboard di vendite. Questo libro ti parla di come dirigere traffico di qualità alla pagina del tuo libro, e di come aumentare le tue chance di venderlo al pubblico giusto.

La risposta è composta da due parole: Amazon Advertising.

Amazon Advertising vende i miei libri. Queste inserzioni pubblicitarie sono uno strumento che uso giornalmente per raggiungere più lettori, i lettori giusti, quelli che compreranno le mie opere.

Amazon Advertising è il modo in cui ho messo di fronte

al pubblico quella serie sconosciuta in formato cofanetto. In un anno, ho quadruplicato le sue vendite. Non rispetto all'anno passato. Rispetto alla sua *intera* esistenza. È il modo in cui lo stesso cofanetto è passato da generare un ricavo annuale di due cifre a un ricavo annuale di quattro cifre.

Non sono una persona a cui piace condividere screen-shot di vendite sui social. Non ne troverai nessuna se fai un giro su internet. Al tempo stesso, hai bisogno di sapere che i miei risultati sono reali. E sono convinto che possano essere replicati.

Una precisazione, a questo punto. Io non mi ritengo un esperto di Amazon Ads, al massimo sono uno 'studente' di questo metodo di generare traffico verso la pagina dei miei prodotti. E non credo affatto che si debba avere una laurea in marketing per trarre benefici da questi annunci. Sono convinto che occorra tempo, e pazienza, e un certo ammontare di soldi per fare i primi tentativi. D'altronde, quale cosa non richiede questi elementi per essere fatta bene?

Chiamami un sognatore, ma sono convinto che, una volta apprese le fondamenta, questa risorsa possa aiutarti per il resto della tua carriera di autore.

Ricordo distintamente il 20 aprile del 2020, il primo giorno in cui ho usato un annuncio su Amazon. Non ho provato la consapevolezza che avessi finalmente trovato lo strumento giusto per vendere i miei libri. C'era solo tanto timore che stessi perdendo tempo e soldi su qualcosa che non avrebbe portato alcun risultato.

Se stai provando una sensazione simile, ti capisco. Molte persone esitano ad andare oltre il familiare, per timore di sbagliare. Io ero una di quelle persone.

Il primo passo verso la conoscenza è il più difficile, quindi congratulazioni! Se stai leggendo questo libro, hai appena fatto quel primo passo.

Credimi. Ci sono stati momenti in cui avrei voluto mollare, o concentrarmi su altro. Accogli questi dubbi a braccia aperte. Sono lì per farti capire che stai facendo qualcosa che solo una frazione infinitesimale di autori sta facendo in questo momento: dare la possibilità ai tuoi libri di essere visti dal grande pubblico.

L'ho già detto una volta, ma *repetita iuvant*: conosco personalmente svariate dozzine di autori che vivono dei proventi generati dai loro libri. Tutti loro usano una qualche forma di inserzione pubblicitaria. La stragrande maggioranza utilizza Amazon Ads.

Non sto dicendo che usarli sia vitale per la tua carriera di autore. Sto solo dicendo che come autore è tuo dovere conoscere tutti gli strumenti che ci sono per promuovere i nostri libri. Gli annunci di Amazon sono uno tra i più importanti. E la tua concorrenza non esiterà a utilizzarli.

Un'ultima cosa. Questo non è un libro che ti spiega passo passo come creare un Amazon ad. Sarebbe sprecare il tuo tempo e gonfiare il numero di pagine con contenuto inutile. Ci sono dozzine di video su internet che ti spiegano come fare.

Questo è un libro in cui un autore che ha usato gli ads di Amazon giornalmente per più di un anno ti spiega le strategie che ha visto funzionare, cercando di farti risparmiare tutti gli errori che ha commesso.

Ti svelerò verità sudate, errori madornali che ho commesso, consigli d'oro che vorrei aver ricevuto *prima* di creare il primo annuncio pubblicitario e risorse che ti faranno risparmiare settimane, se non mesi, di frustranti buchi nell'acqua.

Il mio obiettivo scrivendo questo libro è darti la consapevolezza dell'importanza di usare gli Amazon Ads per la tua carriera di autore.

Quando finisci di leggere, fammi sapere se ci sono riuscito.

L'importanza della componente 'traffico'

Non è facile imparare ad usare efficacemente gli Amazon Ads. Ti parlo per esperienza personale. Il mio primo mese trascorso utilizzandoli non ho guadagnato niente, e il secondo mese sono andato in perdita.

Due mesi come questi sono abbastanza per indurre molti autori a mollare. Per favore, non diventare uno di loro.

Voglio confessarti il motivo che mi ha spinto a usarli.

Forse crederai che sia una ragione stupida. Non fa niente. Te la racconto comunque. Ho immaginato che stessi pagando un corso che spiegava come utilizzare gli annunci di Amazon. Questo corso costava cento euro, che era il budget massimo che mi ero riproposto di spendere per questo mio 'esperimento'.

Mi sono promesso che, fino a quando non avessi speso *tutta* quella somma, non mi sarebbe stato permesso smettere. Così ho continuato.

Il terzo mese ho guadagnato un pochino, recuperando le perdite del secondo mese. Il quarto mese, ho guadagnato un bel po' più di un pochino.

Se ho fatto un buon lavoro, alla fine di questo libro vorrai anche tu fare esperimenti con gli Amazon Ads. Se li hai già usati e hai deciso di mollare, ti invito a continuare a leggere. Potresti trovare degli spunti interessanti da adottare in una nuova campagna pubblicitaria.

Se ti sembra utile, immagina che anche tu stia pagando un corso. Metti da parte cento euro, o di più se puoi permetterlo, e sperimenta.

Dopotutto, stai leggendo un libro su come vendere più

libri, quindi darò per scontato che il tuo obiettivo sia aumentare le vendite. In realtà scoprirai che capire come funzionano gli Amazon Ads sarà utile anche per capire come si comportano altri autori che li usano, e come questa conoscenza possa plasmare la tua strategia editoriale.

Perché un certo libro viene mostrato in maniera predominante sopra la barra di ricerca? Come mai Amazon sembra farti vedere sempre le stesse copertine? Ma soprattutto, come mai alcuni libri sembrano essere letteralmente dappertutto, mentre altri sono relegati negli angoli più oscuri dello store?

Questo libro risponderà a queste domande. E a molte altre.

Per quanto mi riguarda, ho deciso di utilizzare le pubblicità su Amazon perché volevo che i miei libri fossero scoperti da più persone. Il mio era il problema che hanno il 99% degli autori. Non avevo nessun modo efficace di dirigere traffico sulle mie opere.

In altre parole, avevo bisogno di visibilità generata dalla pubblicità.

Fai attenzione all'ultima parola che ho usato, perché per alcuni autori quella è una parolaccia. Lo era sicuramente per me, prima che decidessi di fare il salto nel buio e iniziare la mia prima campagna. Credevo che un vero artista non avesse bisogno di 'pagare' per essere scoperto.

Sai già che cosa penso di quella convinzione, adesso.

Parliamo di te.

Ho sempre fatto una distinzione tra due gruppi di autori indipendenti. L'autore indipendente 'a progetto' e l'autore indipendente 'd'assalto'. La prima persona vuole semplicemente pubblicare un libro. La seconda vuole pubblicare un libro e avere un ricavato che vada oltre le spese di produzione del libro stesso. Il suo obiettivo finale è quello di far diventare la scrittura il suo mestiere.

Darò per scontato ancora una volta che tu fai parte della seconda categoria.

Ora veniamo al motivo per cui uno scrittore dovrebbe usare le inserzioni pubblicitarie su Amazon. La risposta è semplice: perché sono il metodo migliore per generare traffico nella pagina del tuo prodotto.

Traffico? Che cosa intendo con questa parola? In qualsiasi altra situazione un italiano sano di mente eviterebbe il traffico. Ti parlo da romano. Eppure, nel caso particolare degli Amazon Ads, il traffico è una componente non solo utile, ma necessaria per un autore indipendente d'assalto.

Sono sicuro che sarai d'accordo con quanto segue: è sempre più difficile generare interesse per un libro, specialmente se si tratta di un libro di un autore emergente. Non solo. Anche autori che qualche anno fa vendevano 'organicamente' centinaia se non migliaia di copie al mese, si stanno confrontando con una nuova realtà: gli autori sono sempre più numerosi, il numero di libri su Amazon è cresciuto esponenzialmente, e bisogna fare a spallate per emergere dalla massa.

Questa crescita non farà che aumentare in futuro. Te lo assicuro.

Questa è la verità: il tuo libro è la goccia in un mare. E il mare sta per diventare un oceano.

Gli Amazon Ads sono un modo efficace per attirare l'attenzione dei lettori sui tuoi libri.

Se deciderai di non usarli, magari perché non credi di aver tempo, o perché sei contro Amazon per qualche ragione, è una tua scelta. La rispetto.

Ma devi capire che altri autori faranno la scelta opposta. Se sai come utilizzare altre fonti di traffico, come i Facebook ads, sopravviverai. Più o meno. Gli Amazon Ads fanno qualcosa che nessun altro ads può fare. E tra poco ti dirò di che si tratta.

Ma, prima di allora, devi capire che non si tratta semplicemente di spendere soldi per fare soldi. È più complicato di quello che sembra. Ma questo lo sapevi già, immagino. Altrimenti ogni inserzionista avrebbe il suo jet personale.

Generare traffico è importante, ma non tutte le tipologie di traffico sono utili al tuo libro. Anzi, alcune possono danneggiarlo.

L'importanza della componente 'presentazione'

Per 'presentazione', intendo il modo in cui il tuo libro appare a una persona che non ha idea di chi tu sia, qualcuno che giudicherà la tua opera da completo estraneo. E la decisione di comprarlo è a pochi clic di distanza.

Stop! Non così in fretta, Speedy Gonzales. Quei 'pochi clic di distanza' sono lontani un chilometro nell'ecosistema di Amazon.

Seguiamo il percorso di un lettore a cui Amazon propone l'inserzione pubblicitaria del tuo libro.

La prima cosa che vedrà il potenziale acquirente è la copertina del tuo capolavoro. Questa copertina ha come unico scopo quello di segnalare chiaramente il genere del tuo libro in una manciata di secondi.

Questa è una precisazione importante. La tua copertina non è un'opera d'arte. Non deve alludere al significato filosofico che un personaggio secondario ha condiviso con il protagonista a pagina trecentododici. La tua copertina è un segnale. Deve attirare i lettori interessati al tuo genere, e respingere tutti gli altri. Punto.

Torniamo al lettore che sta valutando la copertina del

tuo libro. C'è qualcosa che non va. Il tuo tecno-thriller ha una cover che lo fa sembrare un fantasy storico. Il lettore è confuso. Sposta gli occhi e clicca su un'altra copertina.

Occasione persa. Quella è un'impressione che non ha mai avuto una possibilità di trasformarsi in un clic.

Proviamo ancora.

Adesso hai fatto i compiti a casa. Hai commissionato a un designer una copertina simile a quella dei best-seller nel tuo genere. Il potenziale lettore vede la tua copertina. È semplice, accattivante, professionale e gli sta urlando: 'Guarda! Sono esattamente il tipo di libro che ti piace leggere!'

Clic.

Congratulazioni! Hai mandato un lettore sulla pagina del tuo libro. Ora giochi in casa, giusto? Non proprio. Amazon spiattella nella pagina del tuo prodotto svariati ads di altri autori, che mostrano copertine che possono distrarre il potenziale acquirente che hai convinto a cliccare. Oggigiorno l'attenzione dell'utente internet medio è quella di uno scoiattolo in calore. Il cliente che hai attirato sulla pagina controlla la prima riga della descrizione del tuo libro. Legge una serie di parole piatte, che descrivono meccanicamente una serie di eventi.

Noia.

Una delle copertine che Amazon gli propone cattura il suo sguardo. Si scorda completamente perché stava perdendo il suo tempo sulla pagina del tuo libro e sposta il puntatore.

Clic.

Clic

Ciao.

Questa è la dura legge della foresta... voglio dire, dell'ecosistema di Amazon. L'attenzione dei lettori è bassa, e ogni parte del tuo libro deve lavorare insieme alle altre per convincere il lettore a cliccare il pulsante 'compra'.

Una cover professionale e di genere è importante, ma è solo una parte della presentazione. Quali sono le altre componenti?

La descrizione del libro è senza ombra di dubbio l'altro elemento cardine. Non mi soffermerò a parlare di questo elemento, questo non è un libro su come scrivere descrizioni, ma ti consiglio di leggere *Blurb Unleashed* di Robert J. Ryan, se vuoi imparare a scrivere quarte di copertina capaci di catturare il pubblico come il lazo di un cowboy.

Cos'altro conta? Il prezzo, le recensioni e la preview (in italiano chiamato 'estratto') sono altre componenti da tenere a mente.

Non esiste una regola segreta per fare in modo che questi elementi funzionino sempre. Molti dovranno essere raffinati nel tempo. Io ho cambiato più volte la descrizione dei miei libri per vedere quale funzionasse meglio. Non ti parlo neppure dei prezzi che ho testato. Alcune componenti, poi, dipenderanno dalla situazione, dalla tua esperienza personale e dall'aspettativa del lettore. Sta a te indagare, testare e analizzare le varie combinazioni e vedere quella che funziona meglio per te.

Perché gli ads di Amazon sono i migliori per vendere libri

Su Amazon stai raggiungendo lettori in cerca del loro prossimo libro, non persone che postano foto della loro colazione vegana o che condividono video di criceti danzanti. (Non che ci sia niente di male a vedere un roditore danzare).

Amazon ti dice esattamente quanti libri hanno venduto i tuoi ads, in quale formato, in quale giorno e in quale quantità. È l'unica piattaforma di advertising che può dirti con precisione i risultati delle tue campagne fino all'ultimo libro venduto.

Inoltre, gli ads di Amazon sono considerati dalla maggior parte degli autori indie i più facili da usare. Infatti non richiedono la preparazione di nessuna grafica speciale (l'unica immagine che Amazon fa vedere è quella della copertina del tuo libro) e puoi addirittura decidere di non creare un copy.

Certo, non è tutto oro quello che luccica.

Con gli Amazon Ads è abbastanza facile avere un ROI positivo, ma è molto difficile 'convincere' Amazon a spendere tutto il tuo budget quando hai trovato parole chiave che funzionano. In altre parole, è difficile scalare.

La vera difficoltà con questi ads non è tanto vendere libri e ricavare un profitto, ma incrementare le vendite su base regolare.

Dalla parte opposta di 'Advertising land' (la magica terra dei PPC) con altre inserzioni pubblicitaria come quelle di Facebook e di BookBub è molto difficile raggiungere una ROI positiva, ma molto più facile scalare e (se si è fatto targeting giusto) avere un'impennata di vendite che può assumere la forma di un bastone da hockey.

Al di là di queste differenze tra approcci pubblicitari, questa è la nuova realtà con cui si confronta un autore indipendente al giorno d'oggi: bisogna spendere soldi per farsi notare.

C'era una volta, tanto tempo fa, un Amazon che dava visibilità gratis. Ora chiede di pagare per averla, altrimenti il tuo libro rischia di rimanere sotto il fitto strato di polvere dei sotterranei delle classifiche.

Full disclaimer: gli Amazon Ads non sono l'unico modo di generare visibilità e vendite, ma sono un'alternativa che credo sia utile imparare per prima, visto la sua relativa semplicità di utilizzo comparata con i Facebook ads, per esempio.

L'ho detto e lo ripeto: se vuoi vendere libri devi indirizzargli traffico. Se nessuno sa che esistono, nessuno li comprerà.

Gli Amazon Ads hanno una magia che altre fonti di traffico come i Countdown Deals e BookBub ads non hanno. Il titano di Seattle manda sulla pagina del tuo prodotto clienti disposti a pagare il prezzo pieno. Anche Facebook può fare una cosa del genere, ma richiede più tempo e un investimento di capitali molto maggiore.

Interessato a scoprire di più su questa 'magia'?

___

Fine dell'estratto. Destinazione Amazon Ads è disponibile in formato eBook e cartaceo.

RINGRAZIAMENTI

Grazie a mia madre, che ha letto e valutato questa storia mentre aspettava pazientemente che la parrucchiera le tagliasse i capelli.

Grazie a mio padre e a mia sorella, che anche questa volta si sono cimentati in una gara per stabilire chi fosse riuscito a trovare più refusi, senza nessun chiaro vincitore.

Grazie a mio fratello che, commentando il libro, mi ha fatto capire tutte le cose che andavano bene e grazie al mio amico Alessandro Tamagnini, per avermi fatto capire tutte quelle che potevano andare meglio.

Grazie ad Ana Langone, per avermi fatto le domande giuste.

Grazie, inoltre, a Mana Tsuda, per aver creato la prima versione della copertina che catturasse così bene lo spirito del libro e la peculiarità del suo autore, e grazie a Crystal per aver aggiornato la copertina quando si è trattato di fare rebranding per la serie.

E infine grazie a te, lettore, per aver deciso di leggere la mia storia. Se la quantità elevata di zuccheri presenti nel libro ti ha costretto ad una visita d'urgenza dal dentista, puoi mandarmi il conto a hello@micheleamitrani.com.